사랑이 필요해서 그래

사랑이 필요해서 그래

지은이 | 김복유
초판 발행 | 2020. 10. 21
4쇄 발행 | 2020. 10. 24
등록번호 | 제1988-000080호
등록된 곳 | 서울특별시 용산구 서빙고로65길 38
발행처 | 사단법인 두란노서원
영업부 | 2078-3352   FAX | 080-749-3705
출판부 | 2078-3331

책값은 뒤표지에 있습니다.
ISBN 978-89-531-3878-0 02230

독자의 의견을 기다립니다.
tpress@duranno.com   www.duranno.com

두란노서원은 바울 사도가 3차 전도여행 때 에베소에서 성령 받은 제자들을 따로 세워 하나님의 말씀으로 양육하던 장소입니다. 사도행전 19장 8~20절의 정신에 따라 첫째 목회자를 돕는 사역과 평신도를 훈련시키는 사역, 둘째 세계선교(TIM)와 문서선교(단행본잡지) 사역, 셋째 예수문화 및 경배와 찬양 사역, 그리고 가정·상담 사역 등을 감당하고 있습니다. 1980년 12월 22일에 창립된 두란노서원은 주님 오실 때까지 이 사역들을 계속할 것입니다.

김복유 묵상 에세이

사랑이 필요해서 그래

김복유
지음

40th
1980-2020
두란노

Contants

Part 2.
네가 행복하면 좋겠어

Part 3.
나에게 노래해 줄래

───────────

들어가며

사랑하는 예수님,

제 인생 가운데 함께하셔서서 이런 추억들을 만들어 주심에 감사합니다. 돌아보면 그 당시에는 앞에 보이지 않는 것 같은 순간들도 있었고, '도대체 이 아픔은 언제 끝나나' 하는 순간들도 있었는데 그 모든 순간과 과정 가운데 저를 지켜보아 주시고 절체절명의 순간들 중에도 항상 함께해 주셔서 참 감사합니다. 주님은 저에게 참 좋은 분입니다.

주님 제가 얼마나 연약한지 아시지요?

의지도 약하고 남들 눈치도 많이 보고 무서운 것도 참 많은 사람이잖아요. 거기다 고집도 세고 말도 잘 안 듣잖아요. 그럼에도 저를 포기하거나 버리지 않으시고 여전히 사랑해 주셔서 참 감사해요. 성령님, 저 꼭 예수님 편에는 있고 싶습니다. 그럴 수 있게 도와주세요. 저는 연약해서 혼자 힘으로는 할 수 없으니 꼭 도와주셔야 해요!

제 인생에도 이렇게 책을 내게 되는 순간이 오네요. 모두 예수님 덕분입니다. 이 책을 보는 사람들 중 혹시라도 예수님에 대해 오해하고 있는 사람이 있다면 그 오해가 풀어졌으면 좋겠어요. 첫 사랑을 잠시 잊어버린 사람이 있다면 다시 주님을 사랑하고 싶어지는 마음이 들게 하는 그런 책이 되었으면 좋겠어요. 혹시라도 제가 잘못 표현했거나 기억의 왜곡으로 과장했거나 틀리게 기록한 부분이 있으면 용서해 주세요.

합력하여 선을 이루시는 것의 베테랑이신 주님께 오롯이 맡겨드립니다.

마지막으로 아빠, 예수님, 성령님 제 인생에 찾아와 주셔서 참 감사합니다.

2020년 10월
사랑받는 복유가

이 책을 읽는 많은 사람이
예수님에 대한 오해를 풀고
매력적인 예수님께 반해
예수님과 사랑을 나누고 싶다는
소망을 품게 되길 바랍니다.

Part 1.
──────────── 사랑이 필요해서 그래

네가 어디에서 어떤 모습으로 있건
머리에서 발끝까지 더러워도 괜찮아
네가 어디에서 어떤 모습으로 있건
내게 와 내게 와 내게 와

　　　너와 함께 시간을 보내는 게 좋아
　　　내게 얘기를 해 줄래
　　　사랑해 사랑해
　　　_ 너와 함께 시간을 보내는 게 좋아

예수님 믿는데 내 인생은 왜 이래요?

저는 예수님을 믿으면 인생이 처음부터 잘 풀릴 줄 알았거든요? 그런데 막상 예수님을 믿어도 제 인생에 여전히 고난들이 있는 거예요.

저는 중학교 때 쉬는 시간이 너무 싫었어요. 왜냐하면 쉬는 시간마다 저를 괴롭히는 아이들이 있었거든요. 하루는 컴퓨터실 앞에서 수업을 기다리고 있는데, 저를 괴롭히는 애가 그날도 어김없이 저한테 오더라고요. 그때 왜 그랬는지 아직도 이해가 안 되는데, 제가 그 애를 향해서 이렇게 말했어요.

"예수님이 너 사랑하래!"

그 애가 당황하는 것 같았어요. 그런데 다음 반응이 너무 신기했어요. 갑자기 그 애가 저한테 쑥스러운 표정으로 "미안해"라고 하는 거예요.

그 이후부터 그 애가 저를 괴롭혔게요, 안 괴롭혔게요?

그 친구는 '미안해'라고 한 이후로도 여전히 저를 괴롭히더라고요. 그때 그런 생각이 들었어요.

'예수님을 믿는데 왜 이런 일이 벌어지지?'

고등학교 2학년 땐가? 독서실에서 공부하다가 밥 먹으러 식당에 갔는데, 동생한테 전화가 오는 거예요. 받아 보니 다급한 목소리가 들렸어요.

"형, 지금 이상한 아저씨들이 우리집에 와서 짐 빼고 있으니까 집에 오지 마!"

알고 보니 아버지가 퇴직금이랑 전세자금을 담보로 돈을 쓰셔서 집에 차압 딱지가 붙은 거더라고요. 하루아침에 집이 없어졌어요. 그때도 그런 생각이 들었어요.

'예수님을 믿는데 왜 이런 일이 벌어지지?'

군 생활을 할 때에요. 저는 상근예비역으로 근무를 해서 출퇴근을 했거든요. 하루는 집에 가스가 끊어져서 찬물로 씻어야 했어요. 저는 정말 씻는 걸 중요하게 생각하는 사람인데, 가스가 끊어지니 씻기가 너무 힘들더라고요.

주일 오후, 버너로 물을 데워서 겨우 샤워하고 교회에 갔어요. 예배를 마치고 교회 2층 청소를 하는데, 마음이 너무 안 좋더라고요. 그래서 주님한테 그랬어요.

"주님! 제가 혼자는 그냥 저냥 이렇게 살 수 있을 것 같은데요, 나중에 아내랑 자식이 생겼는데 그때도 이렇게 살 자신이 없어요! 예수님, 우리 집안은 정말 예수님 열심히 믿는 것 같은데, 제 인생은 왜 이래요? 방이 좁으니까 우리 자라고 방 내어 주고 엄마는 맨날 기도하고 교회에서 자잖아요. 저도 예수님 열심히 믿고 있잖아요. 그런데 제 인생은 왜 이래요?"

그렇게 막 주님한테 하소연했는데요, 마음속에 이런 감동이 들었어요.

"복유야, 네가 나를 신뢰하니?"

그때는 대답을 제대로 못 했는데요, 나중에서야 알게 된 것이 있어요.

예수 그리스도를 믿는다는 건 주님이 소원 하나 들어주실까, 안 들어주실까의 차원이 아니더라고요.

지금 잘살고 못살고의 문제도 아니더라고요.

물론 그분은 우리가 바라는 그 어떤 소원도 다 들어주실 수 있는 전능하신 분이지만, 진짜 중요한 건 그게 아니더라고요.

예수 그리스도를 믿는다는 건, 내가 가난할 때나 부유할 때나 아플 때나 건강할 때나 잘나갈 때나 지질할 때나 그분이 같이 있어 주신다는 사실을 알아 가는 거더라고요.

절대 나를 혼자 두지 않으심을 알아 가는 거더라고요.

돌이켜보면, 예수님은 내가 외로울 때 같이 있어주셨고요. 돈이 없을 때 재정도 채워 주셨어요. 또, 지질하게 울고 있을 때는 같이 울어도 주셨고요. 죄에 넘어졌을 때는 '아직 너 안 버렸어, 너에게 계획이 있어'라고 하시며 저를 다시 일으켜 주셨더라고요.

예수 그리스도를 믿는다는 건 내 삶의 한 구석도 예수님 없이 살지 않게 되는 것이더라고요.

'찰나'라는 단어를 혹시 아시나요? 불교 용어인데요, 눈을 한 번 감았다 뜨는 짧은 순간을 말한대요.

"내 삶의 순간
찰나의 인생이
주 없이 살진 않게
전부가 되소서"
_'전부가 되소서' 중

그냥, 사랑받고 싶었던 거였어요

저는 원래 종종 길 위에서 하나님께 기도하곤 하는
데요, 하루는 길을 가다 이런 불평이 나왔어요.

'주님, 제가 주님한테 특별해요? 주님은 이 사람도
특별하다고 하시고, 저 사람도 특별하다고 하시잖아요.
누구에게나 특별하다고 하시는 거면, 그건 평범한 거
지 특별한 게 아니잖아요.'

그렇게 투정을 부리면서 교회에 도착했어요.
당시 교회에서 영어를 가르쳐 주던 미국인 선생님이
있었는데, 그분이 저를 보더니, "복유, 내가 꼭 해 줘야
할 말이 있어" 하고는 저를 기도실 옆 작은 사역실로
데려갔어요. 그러곤 기도를 해 주기 시작하는 거예요.
아마도 그 선생님이 이제 곧 미국으로 돌아가야 했
기 때문에 그 전에 작별 인사해 주려고 그랬던 것 같
아요.

그렇게 시작된 기도가 제 인생에 가장 따뜻한 순간

중 하나로 남아 있습니다. 기도의 첫 문장이 뭐였는지
아세요?

"복유, You are so special!"

너무 신기했어요!
제가 교회 오는 길에 주님께 내가 특별하냐고 투정
부렸잖아요. 그런데 이렇게 바로 응답해 주시다니 참
놀라웠어요. 그것도 영어로 말이죠.

당시 저는 내세울 만한 것이 별로 없었거든요? 공부
도 잘하지 못했고, 경제적으로도 여유롭지 않았어요.
게다가 어릴 때 한쪽 턱 성장판을 다치는 바람에 턱이
돌아가 '삐딱이'라고 놀림을 받곤 했어요.
그랬던 저도 스스로 노래는 좀 한다고 생각했었나
봐요. 저는 교회에서 찬양팀으로 활동했는데, 사람들
앞에 서면 목소리를 이상하게 긁어서 찬양을 부르곤
했어요. 나좀 봐 달라고 이야기하고 싶었던 것 같아요.

그래서 그때 대중가수들 사이에 유행하던 창법을 흉내 냈던 것 같아요.

그렇게 튀게 노래를 부르니 교회 사람들한테 혼도 많이 나고, 훈계도 많이 들었어요. "복유야, 하나님이 영광 받으셔야지 너를 드러내려고 찬양하면 안 돼!" 하고요.

그런데 아무리 혼이 나도 그게 잘 안 고쳐지는 거예요. 연습할 때는 평범하게 부르다가도 이상하게 예배만 시작되면 피가 끓기 시작하면서 튀는 목소리를 냈어요.

저는 나중에 천국에 가서 하나님을 만나면 사람들이 그랬던 것처럼 하나님도 저를 혼내실 거라고 생각했거든요? "김복유 이놈! 나를 찬양하라고 세운 자리에서 너를 드러내려고 이상한 목소리를 냈지? 혼난다!" 하고 말이에요.

그런데 그 영어 선생님의 기도에서 만난 주님이 뭐

라고 하셨는지 아세요? 주님은 다른 사람들처럼 그렇게 말씀하지 않으셨어요. 혼을 내지도 않으시고 오히려 저를 알아주셨어요.

"Be free
(자유해라)!"

저는 이런 말을 들어 본 적이 없는데, 주님은 정말 제 상식을 깨는 분이더라고요. 그때 주님이 또 해 주신 말씀이 있어요.

"복유야, 내가 너를 만들어서 아는데, 너는 네모난 상자야. 그런데 사람들은 다른 모양의 상자에 너를 억지로 끼워 맞추려고 하니까 안 맞는 게 당연해.
Please sing to me? Because, because I am lisening
(나에게 노래해 줄래? 왜냐하면, 왜냐하면 내가 듣고 있거든)."

하나님은 저에게 정말 필요한 것이 무엇인지 알고
계셨더라고요. 저를 혼내시기보다 제 안에 있는 부족
한 부분, 문제의 원인을 먼저 봐 주시더라고요.

저는 사랑받고 싶었던 거였어요.
인정이 필요한 거였어요.

그런 저의 근본적인 문제를 보신 하나님은 저를 채
워 주시고 변호해 주시더라고요.

"복유가 아직 덜 혼나서 못 하는 게 아니야. 복유가
그거 몰라서 못 하는 게 아니야. 우리 복유가 지금은 인
정이 필요해서 그래. 복유가 사랑이 필요해서 그래."

이렇게 저를 이해해 주시더라고요.
그런데 더 놀라운 건 아무리 사람들에게 혼이 나고
훈계를 들어도 목소리에 힘이 안 빠졌는데, 그날 이후
점점 힘이 빠지기 시작하는 거예요. 하나님이 인정해

주고 채워 주시니까 더는 사람들의 인정에 매여 있지 않아도 되기 시작했거든요.

저는 이제 예전처럼 목을 긁어 독특한 목소리를 내려고 노력하지 않는답니다. 그 후로도 주님의 인정이 항상 느껴지는 것이 아니라서 가끔 왔다갔다 할 때도 있는데요, 그래도 지금은 무엇이 중요한지 분명히 알게 되었습니다.

사람들의 인정은 아무리 오래가도 3일을 넘기 힘들어요. 그 시간이 지나가면 다시 다른 인정들로 채워야 해요.

우리 주님은 그 사랑받지 못함의 고리를
"내가 너 인정해!"
"내가 너 사랑해!"
하시며 끊어 주세요.

사람의 인정을 갈구하는 마음을 하나님의 인정으로
풍족하게 채워 주시더라고요.

주님은 변하지 않으세요. 그리고 변함없이 나를
인정해 주세요. 회전하는 그림자가 없으신 주님의
인정은 내 안에 남아서 인생의 중심을 잡아 주신답
니다.

돌아가도 주님과 함께 가는 게 신나요

고등학교 3학년, 수학능력시험을 마치고 대학을 선택해야 하는 순간이 제게도 있었습니다. 공부는 잘 못했지만 수시전형으로 붙은 학교들이 있어서 나름 고민이 많이 되었어요.

당시 A대학교 응급구조학과와 B외국어대학교 아랍어과에 합격을 했는데, 그 두 학교 중 한 곳을 선택하려하자 아버지의 반대가 컸어요. 아버지는 자식을 좋은대학에 보내고자 하는 기대로 지방에서 서울까지 오신분이었거든요. 그래서 소위 '일류 대학'이 아니면 무조건 재수를 하기 원하셨어요.

저도 입시가 처음이었기 때문에 어떤 선택이 옳은지알 수 없어서 기도실에서 생전 안 하던 철야기도를 해야겠다고 마음먹었습니다. 그런데 막상 기도를 시작하니 뭐가 주님 음성인지 잘 모르겠더라고요. 주님이 '여기로 가라, 아니 저기로 가라' 하고 말씀해 주시면 참좋을 텐데, 그런 응답은 잘 안 주시더라고요.

기도를 마치고 무거운 마음으로 집으로 돌아가는데, 갑자기 전날 묵상했던 말씀이 떠올랐어요.

여호와는 나의 목자시니 내게 부족함이 없으리로다 시 23:1

순간 이런 생각이 들었어요.

'아! 하나님이 내 목자시지.'

하나님은 제가 A대학교를 가면 거기에서 목자가 되시어 최선을 주실 분이고, B대학교를 가면 또 거기에서 최선을 만드실 수 있는 분이더라고요. 설사 내가 재수를 한다고 해도 하나님은 거기에서 최선을 만드실 거란 믿음이 생겼어요.

저는 어떤 선택을 할 때 정답이 있다고 생각했는데, '무엇을 선택하느냐?'보다 중요한 건 '하나님이 함께하시느냐?'더라고요. 좋은 대학을 가든 그렇지 않든, 설사 조금 안 좋은 대학을 가더라도 하나님이 함께하신다는 사실이 더욱 의미가 있겠더라고요.

그래서 저는 "네 부모를 공경하라"라는 성경 말씀을 따라 아버지 말씀에 순종해야겠다고 생각해서 재수를 하기로 결정했습니다.

그래서 성공했냐고요? 아니요.
결국 재수하고 성적이 더 떨어져서 기존에 넣은 대학들도 못 들어갈 판이 되고 말았답니다.

그 후로 저는 4-5년을 돌고 돌아 스물다섯 살에 대학교에 다시 입학했어요. 세상 사람들이 보면 이 기간을 두고 시간을 허비했다고 말할지 모르지만 저에게는 광야에서 하나님과 데이트를 한 것 같은 시간이었습니다.

하나님이
제 인생의 목자가 되어 주신 시간이었거든요.

하나님이 제 인생의 모든 순간에 저와 함께해 주심을 아는 것이 얼마나 기쁘던지요.

'잇쉬가 잇샤에게'나 '나는 사마리아 여인에게 말을 건다', '전부가 되소서' 등의 곡들이 거의 이 시간에 나왔답니다.

우리가 보기에는 지름길 같아도 사실은 아닐 수 있고, 우리가 보기에는 돌아가는 길 같아도 예수님이 함께하시면 그 어떤 길보다 빠르더라고요.

중요한 건 '어디로 가느냐?'가 아니라 '누구와 그 길을 가느냐?'더라고요.

내가 슬퍼하니까 예수님이 우시더라고요

재수를 하고 다시 대학 원서를 넣었습니다.

중동 선교사로 나가 계신 교회 선생님의 영향으로 그 당시에 중동 선교사가 되고 싶었던 저는 아랍어과에 꼭 가고 싶었어요. 서울에서 아랍어를 배울 수 있는 학교가 많지 않아서 여러 번 지원한 학교가 있었는데, 그중 하나가 명지대학교 아랍지역학과였어요. 몇 번 지원했었는데 다 떨어졌어요.

수시 발표를 하루 앞둔 날이었어요. 그날 내내 마음이 왔다 갔다 하더라고요. 열심히 기도하면 하나님이 혹시 붙여 주시지 않을까 하는 기대감에 열심히 기도를 했는데요, 결과가 그렇게 기대되고 궁금하더라고요. 그래서 주님께 이렇게 기도했어요.

"주님, 제가 진짜 실망 안 할 테니까 어떻게 됐는지 한 번만 알려 주시면 안 돼요?"

"오직 여호와를 앙망하는 자는 새 힘을 얻으리니 독

38
/
39

수리가 날개 치며 올라감 같을 것"(사 40:31)이라는 말씀이 왠지 마음에 남아 열심히 말씀을 붙잡고 기도했던 기억이 있어요.

그러다가 12시쯤 되었을까요? 시험 결과를 알려 주시면 안 되느냐고 기도하는 제게 조심스럽게 이런 감동이 들었어요. 하나님 음성 같았어요.

"복유야, 사실 넌…"

여기까지 얼마나 두근거렸는지 몰라요.

"떨어졌다."

짧지만 강력한 감동이었어요. 마음에 실망감이 컸는데 설상가상(?) 주님의 임재까지 느껴지는 거예요. 그 임재가 너무 강해서 부인할 수도 없고… 그래도 태도를 좋게 하면 하나님이 대학교 전산시스템을 조작하셔서라도 내 이름을 합격자 명단에 넣어 주시지 않을까

하는 헛된 희망을 품고 하나님을 찬양하며 다음 날까지 기다렸습니다.

합격자 발표는 4시쯤이었는데요, 기도실 컴퓨터로 합격자 조회를 할까 말까 엄청 고민했어요. '진짜 떨어졌으면 어쩌지? 혹시라도 합격이면 어쩌지?' 하는 생각들로 뒤엉켜서, 그야말로 만감이 교차하더라고요. 떨리는 만큼 다시 더 열심히 기도했어요. 그렇게 두근거리는 마음으로 합격자 조회를 했습니다.

이름과 학번을 입력하고 확인 버튼을 누르자 화면이 넘어갔어요. 그 몇 초가 얼마나 길게 느껴지던지요. 드디어, 드디어 화면이 열리는데!

'불합격'

빨간색 글씨로 적힌 세 글자가 저의 마음을 후벼 팠어요.

저는 아무 말 없이 기도실 뒤에 누워 버렸어요. 불합격이라는 사실에 짓눌려 조용히 심연 속으로 가라앉으려 하는데 주님이 상심한 저를 위로해 주시는 것 같더라고요.

괜찮다고… 괜찮다고….

그렇게 예수님은 제가 대학에 떨어져서 마음 상해 있을 때마다 같이 있어 주셨어요.
같은 대학교를 여러 번 낙방하며 배운 것이 있습니다.

주님은 공의로운 분이라는 거였어요.
주님은 제가 노력한 것을 눈여겨보아 주시는 것처럼 다른 사람들이 노력한 것도 결코 가볍게 여기지 않으시는 분이더라고요! 그리고 그 결과에 같이 웃고 울어 주시는 분이더라고요.

마치 마르다와 마리아가 오라비 나사로의 죽음 때문

에 슬퍼할 때 예수님도 같이 있어 주시고 울어 주셨던 것처럼요.

하루는 가고 싶었던 대학에 또 떨어진 걸 확인하고 담담한 마음으로 사역실 문 걸어 잠그고 기타를 치는데, 왠지 예수님이 옆에서 우시는 것 같은 거예요. 그래서 제가 주님한테 그랬어요.

"주님, 제가 공부를 못해서 대학에 떨어진 건데 왜 주님이 더 슬퍼하세요?"

같이 운다는 건 사랑하는 거더라고요

고등학교 1학년 시험 기간이었어요. 독서실에서 공부하고 있는데 담임선생님으로부터 한 통의 전화가 왔습니다.

"복유야, ○○이가 하늘나라에 가 버렸다잉."

어떻게 전화를 끊었는지 기억도 잘 안 나요. 이미 공부는 뒷전이 됐어요. 어떻게 해야 할지 정말 모르겠더라고요. 별 생각이 다 들었어요.

'하나님이 나를 벌주려고 그러시나? 내가 요즘 밴드부 한다고 하나님을 떠나 있어서 돌아오라고 이런 시련을 주시는 건가?'

여러 가지 억측과 하나님에 대한 오해들로 참 많이 혼란스러웠습니다.

충격이 너무 컸던 탓일까요. 왠지 나도 죽을지 모르

겠다는 두려움이 갑자기 생기더라고요.

급기야 독서실에서 유서를 쓰기 시작했어요. 그리고 그걸 독서실 서랍에 넣어 두었는데, 만약 내가 죽더라도 유서가 발견이 안 될 수도 있겠다는 생각이 드는 거예요. 그러면 부모님이 내 유서를 못 보는 거잖아요.

마침 같은 교회 다니던 동생이 같은 독서실을 이용하고 있었어요. 그래서 그 동생에게 가서 혹시 나에게 무슨 일이 생기면 독서실 서랍에 있는 파란색 노트를 내 부모님에게 전달해 달라고 부탁했어요. 지금 생각하면 좀 유치할지 몰라도 그때 저는 정말 심각했어요.

그러고는 교회로 갔습니다. 저희 교회 본당은 지하에 있었는데요, 마침 불이 꺼져 있어서 성전이 어두웠어요. 저는 거기서 반쯤 미친 사람처럼 소리도 치고, 하나님한테 "왜! 왜 그러셨어요!" 하면서 원망도 했는데, 그것도 한두 시간 하니 지치더라고요. 뭘 어떻게 해야 할지 몰라 그냥 본당 구석에 쪼그려 앉아서 질질 짜며

앉아 있었어요.

그런데 갑자기 당시 중고등부 선생님이 본당으로 헐 레벌떡 뛰어 들어오는 거예요. 알고 보니 교회 동생이 제 부탁을 듣고 기분이 이상해 유서를 열어 보고는 걱정이 되어서 선생님께 말씀드린 거였어요. 선생님은 꽃무늬 셔츠에 반바지를 입고 있었어요. 급하게 온 티가 역력한 채로 제게 "복유야, 무슨 일 있니?" 하고 어색하게 말을 걸었습니다.

제 사정을 들은 선생님은 나름 저를 위로한다고 이런 저런 이야기를 해 주었어요. 설교도 하고 위로도 하면서 계속 말을 걸어 주었는데, 저한테는 그런 얘기들이 잘 안 들어오더라고요.

제가 위로를 못 받는 것 같아 걱정이 됐는지, 선생님은 쉬지 않고 계속 말을 이어 나갔어요. 그런데 그때 제가 무슨 생각이었는지 선생님 말을 자르고 이렇게 말했어요.

"지금 아무 소리도 안 들리니까 좀 조용히 해 주
세요."

　어른한테 그렇게 말하면 안 되는 거였는데, 두고두
고 죄송했어요.
　그 선생님이 덩치도 크고 원래 되게 무서운 분이었
거든요. 제가 솔직히 좀 못되게 이야기했잖아요. 저는
선생님이 어른한테 말버릇이 그게 뭐냐고 화를 낼 줄
알았거든요. 그런데 한동안 아무 말이 없는 거예요. 그
래서 화가 많이 난 건가 싶어 선생님 얼굴을 봤는데, 선
생님은 제가 상상한 것과 너무 다른 모습이었어요. 덩
치가 산만한 선생님 두 눈가에 눈물이 가득한 거예요.
눈물이 그렁그렁 맺힌 두 눈으로 저를 그저 지그시 보
고 있더라고요.

　그렇게 몇 분쯤 흘렀을까요? 선생님은 제 어깨에 손
을 올리고는 이렇게 이야기했어요.

"복유야, 네가 아프니까 나도 너무 아프다."

그렇게 말을 못 잇고 울먹이는 선생님을 보면서 순간 이런 생각이 들었습니다.

'이 사람은 나를 사랑하는구나.'

순간 그 선생님의 모습에서 갑자기 예수님의 모습이 겹쳐 보였어요.

예수님도 그 선생님처럼 울고 계시더라고요.

"복유야, 네가 아프니까 나도 너무 아프다"라고 하시면서 말이에요.

하나님은 무섭게 혼내는 분인 줄 알았어요

어린 시절부터 강박증이 조금 있었어요.

중학교 때였는데, 하루는 성경을 읽다가 "…누구든지 그의 하나님을 저주하면 죄를 담당할 것이요"(레 24:15)라는 구절을 보게 된 거예요. 갑자기 머릿속에서 하나님을 저주하는 생각이 '획!' 하고 스쳐 지나가더라고요. 너무 놀라서 즉시 회개를 했습니다.

그런데 그날 이후부터 '저주하면 안 돼'라는 생각이 마치 강박증처럼 저를 괴롭혔어요. 제 의지와는 다르게 하나님을 저주하는 생각들이 자꾸 머릿속에서 스쳐 지나가는 거예요.

'어떻게 감히 이런 생각을 할 수 있지?'

저는 교회 선생님들한테도 차마 말 못 하고 속으로만 끙끙 앓고 있었어요.

상태는 점점 심해져서 일상생활에서도 자꾸 부자연스러운 모습들이 나오기 시작했어요. 회개기도를 하고 나서도 '내 기도를 하나님이 받으셨나? 혹시라도 안 받으셨으면 어쩌지?' 하는 근심 걱정에 휩싸였어요. 그래도 저주의 생각이 들 때마다 수차례 공을 들여 회개기도를 했거든요. 그런데 겨우 회개해 놓으면 다시 그 저주의 생각이 훅! 하고 머릿속을 지나가는 거예요. 저는 도저히 그 생각들을 통제할 수가 없겠더라고요. 통제하려면 할수록 그 생각들은 더 들끓어 오르는 것 같았어요.

하루는 주일 저녁 예배를 참석했는데요, 찬양을 하는데 또 저주의 생각이 스쳐 지나가는 거예요. 하루에도 몇 번씩 드는 저주의 생각과 그것을 회개하는 반복 속에 너무나도 지친 저는 찬양하다 말고 자리에 털썩 앉아 기도를 시작했습니다.

'주님, 주님을 저주하는 생각 같은 것 하기 싫은데 제 의지와 다르게 자꾸 그런 생각이 들어요. 잘못했어요. 주님, 어쩌면 좋아요?'

그런데 저는 그날, 이전과 조금 다른 특별한 경험을 했어요. 기도를 한참 하는데 갑자기 주변 환경의 소리들이 하나씩, 하나씩 없어지는 거예요. 그러곤 그 공간을 꽉 채우는 따뜻한 무언가가 나를 감싸고 있는 것처럼 느껴졌습니다. 마치 엄마 자궁에 있는 듯, 주변에서 아무 소리도 들리지 않았어요. 그 따스함 속에서 잠잠히 있는데 앞에서 찬양하시는 분의 목소리와 노랫말이 들리는 거예요.

> "하나님 사랑의 눈으로 너를 어느 때나 바라보시고
> 하나님 인자한 귀로써 언제나 너에게 기울이시니"
> _'주만 바라볼지라' 중

주님은 제가 했던 주홍과 같은 죄들은 보지 않으시고 이 노래의 가사처럼 사랑의 눈으로 저를 봐 주시더라고요.

제가 했던 저주의 소리는 들지 않으시고 제 속에 있는 속사람의 기도를 들어주시더라고요.

아직도 그 순간이 기억나요. 지금 생각해도 얼마나 행복한 순간이었는지 몰라요. 그날 찬양 시간에 정말 많이 울었거든요. 하도 울어서 뒤에 있던 친구가 저한테 조용히 휴지를 건네주더라고요.

이건 나중에 교회 선생님을 통해 알게 된 사실인데요, 하나님을 저주하는 생각은 저로부터 온 게 아니더라고요. 원수 사탄이 하나님과의 관계를 방해하려고 그런 생각을 넣는 거래요.

그리고 원수가 우리에게 생각을 넣어주는 건 막을 수 없지만 그 생각을 취할지 안 할지 선택하는 건 제 몫이래요.

그런 생각이 들 땐

'사탄아, 꺼져라!'

하고 명령하면 되는 거더라고요!

빨리 돌아오면 돼요

20대 초, 아버지의 고집에 억지로 하게 된 재수 생활은 그리 쉽지 않았습니다. 여호와는 나의 목자시라는 감격도 금세 잊어버리고, 주변의 환경이 보이기 시작하더라고요. 집안을 가득 채운 가난의 공기와 나를 둘러싼 캄캄해 보이는 상황들이 너무 무거웠어요.

그 당시 저는 눈을 뜨면 찾아오는 우울감과 고집스러운 아버지를 향한 원망 등으로 하나님과도 상당히 멀어져 있었어요. 마음속을 무엇으로 채워야 하는지도 모른 채, 그 공허한 빈자리를 어쩌지 못하고 무작정 걷고 또 걸었어요. 어떤 날은 미드에도 빠졌다가, 어떤 날은 판타지 소설에도 빠졌다가, 그렇게 현실을 도피해 숨을 곳들을 찾아 살고 있었어요.

이 당시 나름의 반항심으로 몰래 담배도 피웠는데요. 하루는 골목에 숨어서 담뱃불을 붙이는데, 그날따라 급하고 강한 바람이 '휘익' 하고 부는 거예요. 그래서 1차 시도는 실패했습니다. '이상하다?' 하고 다시 담뱃불을 붙이는데 다시 또 급하고 강한 바람이 '휘익' 하고 불어 2차 시도도 실패로 돌아갔어요.

우연이겠거니 하고 라이터를 담배 끝에 더 가까이 대고 불을 붙였어요. 분명 불이 붙는 걸 확인했는데 갑자기 또 급하고 강한 바람이 불더니 그 불마저도 꺼지는 거예요. 보통 담배에 불이 붙으면 바람에는 잘 안 꺼지거든요.

이상하게 생각하고 멍하니 담배 끝을 보고 있는데, 순간 마음속에 이런 목소리가 들리는 듯했어요. 단호하면서도 슬픈 목소리였어요.

"이제, 그만해라."

을씨년스러운 날씨 때문인지 아니면 마음속에 든 그 음성 때문인지 왠지 모를 찜찜함에 그날 담뱃불 붙이는 걸 포기하고 그냥 집으로 돌아왔어요.

그 즈음에 악몽도 많이 꾸고 가위에도 참 많이 눌렸

는데, 한번 가위에 눌리기 시작하면 하룻밤에도 세네 번씩 눌려서 잠을 못 자겠더라고요. 악몽과 가위눌림을 몇 번이나 오가는 날 밤이면 영 불편하고 힘들었어요. 정말 심한 날은 꿈에서 회개기도를 하기도 했고요. 도저히 상황이 나아지지 않을 때는 전도사님이나 교회 리더들에게 기도 부탁을 하고 잤는데, 그러면 또 신기하게 편히 잘 잤어요. 그러고 아침이 되면 밤중에 있었던 일은 다 잊고 '우연이겠지. 개꿈이겠지' 하고 여전히 하나님과 멀어진 생활을 반복하곤 했어요.

다음 날 오후에 교회 카페에서 아르바이트를 하는데, 번개와 천둥이 치기 시작하는 거예요. 마침 그날따라 사람이 없었어요. 나이를 스무 살이나 먹었는데 뭐가 그렇게 무서웠는지, 지금 생각해 보면 이해가 잘 안 되지만 그날 천둥소리는 지금 생각해도 너무 무서웠어요. 그 소리가 마치 저를 꾸짖는 것 같았거든요.

좀 그러다 말겠지 하고 버티고 있었는데, 천둥이 잦

아질 줄 모르고 계속 치더라고요. 무서운 마음에 기도실로 가서 회개기도를 하기 시작했어요. 원래 사람이 급해지면 신앙이 없던 사람도 기도하곤 하잖아요.

마침 기도실에 돌아다니던 성경책을 가져와 펼쳤는데 호세아서가 보이는 거예요. 1장부터 차근차근 읽는데, 마치 하나님이 저한테 얘기하시는 것 같더라고요. 밤에는 잠시 후회하면서 하나님께 돌아왔다가 아침이면 잊어버리는 생활의 반복.

> 그들이 헛된 말을 내며 거짓 맹세로 언약을 세우니 그 재판이 밭이랑에 돋는 독초 같으리로다 호 10:4
> 선지자들이 그들을 부를수록 그들은 점점 멀리하고 바알들에게 제사하며 아로새긴 우상 앞에서 분향하였느니라
> 호 11:2

이 구절을 읽을 때는 왠지 저를 저격(?)하는 것 같았어요. 그래서 담배 피웠던 것도 그 자리에서 바로 회개했어요.

그런데 읽으면서 신기했던 건 호세아서에 있는 그 무서운 말씀 가운데서 하나님의 사랑이 느껴지기 시작했다는 거예요. 하나님의 목소리가 "나도 참을 만큼 참았다. 너 이렇게 타락하고 잘못 살았으니까 형벌을 준비해라!" 하는 분노하는 재판장의 소리가 아니었어요.

정말 저주하기 싫은데,
이 아이들을 결코 포기하고 싶지 않은데,
이대로 가면 멸망의 길밖에 없으니까, 그래서 어쩔 수 없이 저주와 심판의 말씀을 하시는 것 같더라고요. 울면서 겨우겨우 입을 여시는 것 같더라고요.

하나님의 그 마음이 느껴져서 호세아서를 읽는 내내 울다가 회개하다가를 반복했습니다.

그런데 호세아서를 읽으면서 또 중요한 걸 알게 되었어요. 처음에는 '저주하겠다!' 하는 내용만 보였는데, 읽다 보니 점점 하나님의 마음이 보이더라고요.

예를 들면

그들 중에는 내게 부르짖는 자가 하나도 없도다 호 7:7
선을 버렸으니 원수가 그를 따를 것이라 호 8:3
내 백성이 끝끝내 내게서 물러가나니 호 11:7

하는 문장들 말이에요.

이런 탄식 섞인 문장들이 호세아서에는 참 많이 보이더라고요.
그럼 돌아가면 되는 거잖아요. 주님한테 다시 진심으로 호소하면 되는 거잖아요. 다시 복된 길을 붙잡으면, 그 나쁜 걸 안 하면 되는 거잖아요.

하나님은 무서운 형벌을 나열하시고 우리는 벌받고 끝나는 것이 목적이 아니더라고요. 하나님은 우리에게 "너 이놈의 자식! 계속 말 안 들으면 진짜 혼난다! 그러니까 빨리 돌아와!" 라고 말씀하시는 거더라고요.

그러니까 목적은 우리가 하나님 곁으로 돌아오는 거더라고요.

호세아서 1장과 11장에는 "내가 너희 얼마나 사랑하는지 알아? 너희가 돌아오면 이렇게 회복시켜 줄게" 하는 하나님의 약속이 나와요.

그들은 애굽에서부터 새 같이, 앗수르에서부터 비둘기 같이 떨며 오리니 내가 그들을 그들의 집에 머물게 하리라 나 여호와의 말이니라 호 11:11

하나님이 진짜 원하시는건 관계의 단절이 아니라 '회복'이더라고요. 저 이날 참 많이 울고 회개했거든요.

혹시 저와 같은 사람이 있다면
그냥 빨리 돌아오세요. 그러면 돼요.

부모님도 사랑이 필요하더라고요

저에게는 아주 고집이 센 아버지가 계신데요, 저는 그런 아버지가 마흔에 본 첫 아들이었어요. 늦게 본 자식이 얼마나 예뻤겠어요? 그래서 아버지가 입버릇처럼 하던 말이 있어요.

"우리 복유는 서울대학교 보낼 거야!"

저는 그 말이 너무 싫었거든요. 왜냐하면 제 성적을 제가 아는데, 그 성적으로 서울대학교는 못갈 게 뻔했거든요. 더 싫었던 건 운동회나 학부모 참관수업같은 날이었어요. 보통 초등학교 때 부모님이 학교 행사로 방문할 때면 담임선생님과 따로 인사하곤 하잖아요. 그때마다 아버지는 담임선생님에게 서울대학교가 어쩌고 저쩌고 하며 이야기를 하는 거예요. 담임선생님도 내 성적을 아는데!

사실 저는 재수하기 진짜 싫었는데, 아버지가 무조건 좋은 대학 아니면 안 된다고 그렇게 고집을 피워서 나름 순종한다고 했던 거였거든요. 결국엔 재수마저도 시험을 잘 못 봐서 망했는데 아버지는 여전히 좋은 대학 아니면 안 된다고, 삼수하고 사수해서라도 좋은 대학 가야 한다고 계속 고집을 피웠어요. 그런 아버지의 모습 때문에 제 안에 원망과 쓴 뿌리들이 자라나고 아버지와의 관계가 많이도 틀어졌어요.

하루는 철야예배를 드리는데, 기도 중에 너무너무 상처가 많은 심장이 마음속에 하나 떠오르는 거예요. 주님께 "이게 뭐예요?"라고 물어보니 우리 아버지 심장이라는 감동이 들더라고요. 그 심장에는 자잘한 상처도 있고, 길게 진 상처도 있고, 깊이 패인 상처도 있었어요.

그중에서도 가장 길고 깊은 상처가 두개가 있었는데, 그 두 개가 다 제가 낸 상처더라고요.

하나는 재수하기 싫다고 아버지에게 심한 말을 했을 때였어요. 저는 아버지를 설득해 보겠다고 터놓고 이

야기도 해 보고, 평소라면 상상도 못 했을 정도로 강하
게 고집도 피우고, 심지어는 상도 엎어 봤거든요. 소용
이 없더라고요. 하다하다 안 돼서, 그렇게 얘기하면 안
되는데 아버지한테 그랬어요.

"아빠 돈 있어? 남들은 기숙학원이다 뭐다 다 보내
주는데 아빠는 돈 없잖아. 그러니까 나한테 그런 얘기
하지 말라고!"

그때 아버지가 아무 말도 못 하더라고요.
상처 하나.

또 다른 상처는, 제가 초등학교 3-4학년쯤 되던 해
학부모 참관 수업 날이었어요. 그 당시 아버지는 저를
많이도 사랑해서 아들 일이라면 만사를 제치고서라도
달려왔는데요, 참관 수업도 그중 하나였어요. 그날도
어김없이 아버지가 뒤에 와서 서 있는 거예요. 수업 끝
나면 또 담임선생님을 찾아가서 서울대학교가 어쩌고

저쩌고 할 것 같은데, 그게 너무 싫었거든요.

　나름 오랜 고민 끝에 수업이 끝나자마자 도망치듯 학교를 나왔는데요, 보통 그러면 아버지가 저를 따라오거든요. 저는 그날도 아버지가 뒤에서 오는 줄 알았어요. 그런데 한참을 가는데 뒤가 허전한 거예요. 돌아봤는데 '어?' 아버지가 없는 거예요.

　여기저기 주위를 좀 찾아보다가 도저히 찾을 수가 없어서 그냥 집으로 돌아왔는데, 집에 도착한 지 20분쯤 지났을까요? 전화벨이 울리더라고요. 받아 보니 아버지였어요. 그때 수화기 너머로 들리던 아버지의 목소리가 아직도 기억나요. 담담하고 슬픈 목소리였어요.

　"니는… 내가 창피하나?"

　그때 제가 아무 말도 못했거든요.
　상처 둘.

　철야예배를 드리는데 그 일들이 생각나서 참 많이

울고 회개했어요. 그런데 회개하고 나서도 마음 한구석이 찜찜한 거예요. 순간 '아! 오늘은 아버지한테 사랑한다고 말해야겠다' 하는 생각이 들어서 아버지한테 전화를 걸었어요.

전화 연결음이 들리는데 두근두근하더라고요. 얼마 안 지나서 아버지가 전화를 받았어요.

"와?"

사랑한다고 말을 해야 하는데, 제 안에도 경상도인의 피가 흐르고 있어서 그런지 입이 안 떨어지더라고요. 그래서 사랑한다고는 못 하고 괜히 다른 걸 빙빙 둘러서 물어보게 되더라고요.

"아빠 뭐 해?
밥은 먹었어?
언제 와?"

저는 그동안 부모님이 전화해서 왜 그렇게 뭐 하느냐고, 밥 먹었느냐고 물어보는지 이해가 안 됐거든요. 그런데 그때 이해가 되더라고요. 부모님이 그렇게 물어보는 건 부모님 나름대로의 사랑한다는 표현이었더라고요.

입 안에서만 맴도는 그 말을 내뱉지 못하고 머뭇거리는데 이대로 전화를 끊으면 평생 아버지한테 사랑한다고 말 못할 것 같아서 마치 잠음처럼 말하고 전화를 끊었습니다.

"아빠 사랑해!"

아버지가 그 말을 들었는지는 모르겠어요. 지금은 그래도 연습의 결과인지 아버지한테 사랑한다는 말을 많이 하는 편인데요, 처음엔 많이 어색하고 힘들더라고요.

아버지한테 사랑한다고 말을 했는데도 왠지 모르

게 마음 한 구석에 찜찜함이 남아 있더라고요. 한 2주 쯤 지났나? 그날 제가 중동으로 단기선교 가는 날이었는데요, 이제 몇 시간 뒤면 비행기를 타야 했어요. 아버지한테 한국 떠나기 전에 용기를 내어 얘기를 시작했어요.

"아빠, 있잖아. 내가 초등학교 3학년 땐가 4학년 때 참관수업 온 아빠 놓고 혼자 집에 온 적 있잖아. 그때 아빠가 너 나 창피하냐고 물어봤던 거 기억나? 근데 나 아빠 창피했던 거 아니다. 그땐 너무 어려서 그랬다고, 죄송하다고."

이렇게 얘기하고 나서 아버지 얼굴을 봤는데요, 아버지가 진짜 그런 분이 아닌데, 정말 무뚝뚝하고 고집스러운 경상도 남잔데, 그런 아버지가 울고 있더라고요.
제 얘기를 듣고 아버지가… 그렇게도 철벽 같던 아버지가 꺼이꺼이 울더라고요. 다리에 힘이 풀렸는지

바닥에 주저앉아서 그렇게 울더라고요. 저는 지금껏 그때처럼 아버지가 우는 걸 본적이 없어요.

그날 이후 저랑 아버지의 관계에도 회복이 있었어요. 물론 지금도 아버지랑 싸울 때가 있긴 하지만요.

어릴 때 저는 부모님을 꺾어야 하는 대상이라고 생각했어요. 말로 또는 논리로, 아버지 그거 예전 생각이라고, 요즘 시대랑 안 맞는다고, 생각을 좀 바꾸라고…. 그런데 제가 아버지를 꺾으려 하면 할수록 아버지의 고집이 더 심해지기만 하는 거예요. 그런데 그 철벽같던 아버지에게도 '사랑'이 들어가니까 무너지더라고요.

부모는 꺾어야 하는 존재가 아니더라고요.
부모도 사랑이 필요하더라고요.

혹시 아직까지 부모님께 사랑한다는 말을 한 번도 못 해 봤다면 오늘 한번 해 보세요. 절대 후회하지 않을 거예요.

미루지 말고 꼭! 오늘 해 보세요.

만약 하고 싶은데 부모님이 이 땅에 안 계시다면 예수님께 전해달라고 기도해 보세요. 그분은 능력이 있으니까요.

혼 좀 났다고 인생 끝나는 게 아니더라고요

중동의 어느 지역에 곰돌이 가족이 살아요.
엄마, 아빠, 누나, 형아.
그중에서도 제가 제일 좋아하는 곰돌이는
막내 곰돌이예요.

하루는 곰돌이 가족과 계곡을 지나쳐 가는데, 막내
곰돌이가 계곡에서 놀고 싶다고 떼를 쓰기 시작했어
요. 엄마 곰돌이는 오늘 일정이 빠듯한 데다가 날씨도
너무 추워서 계곡에는 못 들른다고 했는데 막내 곰돌
이가 계속 떼를 쓰는 거예요. 엄마 곰돌이는 막내 곰돌
이에게 아무리 떼를 써도 안 되는 건 안 된다고 했어요.
그리고 계속 이렇게 떼를 쓰면 아빠 곰돌이에게 혼난
다고 했어요!

혼이 난 막내 곰돌이는 삐진 것 같았어요. 한동안 아
무 말도 없었거든요. 그런데 5분도 안 돼서 막내 곰돌
이가 엄마 곰돌이에게 다시 그러는 거예요.

"엄마, 그럼 나중에 수영장 가면 안 돼요?"

엄마 곰돌이는 "그래! 그럼 우리 나중에 수영장 가자!" 하고 허락해 주었어요.

막내 곰돌이는 언제 자기가 떼를 쓰고 삐졌냐는 듯 엄마 곰돌이와의 거래에 만족하며 다시 활기찬 귀염둥이 곰돌이로 돌아왔답니다.

여기 나오는 곰돌이 가족은 저희 교회가 섬기는 선교사님 가정인데요, 선교사님들의 안전을 위해 곰돌이 가족으로 부르곤 한답니다.

저는 이 곰돌이 가족의 대화를 듣고, 막내 곰돌이를 보면서 '어쩌면 저렇게 상처 없이 부모님과 대화할 수 있을까?' 하는 생각이 들었습니다. 만약 제가 막내 곰돌이였다면 '아빠 엄마는 나를 안 사랑해' 하고는 삐져서 쉽게 마음이 풀리지 않았거나 누군가 자신의 마음을 알아줄 때까지 계속 투정 부렸을 것 같았거든요. 그런데 나보다 훨씬 어린 이 꼬마가 어떻게 저런 태도를 보일 수 있을까 싶었어요.

나중에 개인적인 문제로 엄마 곰돌이와 얘기할 시간이 있었는데요,

엄마 곰돌이가 저에게 이렇게 말하더라고요.

"복유야, 너는 일단 네가 하기 싫은 건 하지 마!"

제가 그랬어요.

"그러다가 혹시라도 순종 안 하면 하나님께 혼나잖아요!"

그랬더니 엄마 곰돌이가 그러더라고요.

"혼나면 되지! 혼난다고 끝나는 게 아니야."

순간 머리에 '땅!' 하는 소리가 들리는 것 같더라고요. 저는 순종 못 하면, 잘못 선택하면 인생 끝나는 거라고 생각했거든요.

그런데 그게 아니더라고요.
혼나고 나서도 계속 인생은 이어지더라고요.

성경에 보면 다윗도 혼나고 모세도 혼났더라고요.
그런데 혼났다고 인생이 끝나는 게 아니더라고요. 혼
난다고 하나님이랑 관계가 끊어지는 것도 아니더라
고요.

내가 사랑하는 자를 책망하여 징계하노니 계 3:19

저는 그동안 순종을 '하기 싫어도 억지로라도 몸을
쳐서 하는 것'이라고 생각했는데, 그렇게 마음에 없는
순종들이 하나하나 쌓이다 보니 어느새 하나님과의 관
계가 왜곡되어 있더라고요.
저는 하나님이 '순종 하나 안 하나 나를 체크하고 감
시하시는 분'으로 잘못 알고 있었어요. 마치 돌아온 탕
자 이야기 속 큰아들처럼, 아버지께 몸으로는 순종하
지만 마음속 깊이 그분을 오해하고 있었더라고요.

그래서인지 하나님한테 비록 조금 혼나도 "아빠, 그
럼 나중에 수영장 가면 안 돼요?"라고 물어볼 수 있는
막내 곰돌이가 참 부럽고 대단해 보이더라고요.

혼나도 괜찮아요.
혼도 아버지니까 내시는 거더라고요.

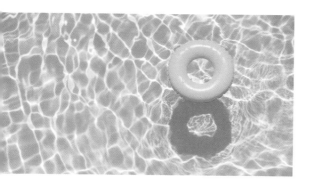

Part 2.

──────────────── 네가 행복하면 좋겠어

나는 사마리아 여인에게 말을 건다
기쁨에 차 말을 건다
하늘 보좌 내려놓고 그래 여기에 왔다고

    넌 내게 다시 이리 재촉한다
    그 물을 내게 달라한다

    넌 이미 보았다
    그 물이 여기에
    바로 내 안에 있어
    _나는 사마리아 여인에게 말을 건다

뭘 걱정해요?

자취를 할 때였어요. 저는 먹고사는 것에 대한 걱정이 참 많았는데요, 그래서 하나님께 기도하며 종종 이런 질문을 했어요.

"주님, 저 뭐 해먹고 살아요? 나중에 결혼도 못 하면 어쩌죠?"

하루는 아르바이트를 마치고 교회 기도실로 갔어요. 그날도 어김없이 이런 고민들을 하나님께 털어놓으며 하소연하고 있는데, 갑자기 마음에 이런 감동이 드는 거예요

"복유야, 너 오늘 뭐 먹었어?"

저는 그날 아르바이트하던 카페에서 만 원이 넘는 고급 볼로네제 파스타를 먹었거든요. 아르바이트생들에게는 식사가 무료로 제공되었기 때문에 제 돈은 1원도 들지 않았어요. 갑자기 하나님께 드릴 말씀이 없더

라고요. 이어서 마음속에 온화한 목소리로 이런 감동
이 들었어요.

"걱정하지 마!"

그래도 불안했던 저는 다시 물어봤습니다.

"주님, 그럼 옷은요?"

마음속에 또 이런 감동이 들었어요.

"복유야, 지금 뭐 입었어?"

그제야 오늘 입은 옷이 보였어요. 그날따라 제가 회
색 세미정장 자켓을 입고 있는 거예요. 왜 아르바이트
를 하러 가면서 그렇게 잘 빼입은 거였을까요. 마음속
에 온화한 목소리로 다시 이런 감동이 들었습니다.

"걱정하지 마!"

> 여호와는 나의 목자시니 내게 부족함이 없으리로다
>
> 시 23:1

학교에서 자취를 하고 있던 어느 날이었어요. 제가 돈이 너무 없어서 이 말씀을 붙잡고 기도를 했는데요, 그런데도 돈이 너무 없는 거예요. 아무리 해도 안돼서 저금해 둔 통장을 깨서 당장 생활비를 써야겠다는 생각이 들었어요.

당시 제가 이용하던 은행에 가려면 버스를 타고 30분 정도 나가야 했거든요. 한번은 은행 거의 앞까지 갔는데, 한 일곱 발자국 정도 남았나? 갑자기 아버지한테서 전화가 오는 거예요. 받았더니 아버지가 그러는 거예요. 돈 필요하냐고. 타이밍이 기가 막히더라고요. 저는 뒤도 돌아보지 않고 자취방으로 돌아갔습니다.

또 언젠가는, 그때도 돈이 없어서 고민하며 사역실에서 기타를 치고 있는데 갑자기 레슨 받던 분이 문을 빼꼼 열고 "복유, 기도했냐?" 하시며 레슨비를 주시는 거예요. 잊고 있던 레슨비가 갑자기 생각났다면서요.

주님은 제 밀린 레슨비도 받아 주시는 분이네요.

여호와는 나의 목자시니
나는 부족함이 없습니다.

하나님은 다 계획이 있으세요

하루는 기도실에서 기도하는데, 중학교 때 친구가 갑자기 생각나는 거예요. 왠지 그 친구를 만나라고 하시는 것 같은 감동이 들었어요.

그런데 누굴 만나면 밥이나 하다못해 커피라도 사야 하잖아요. 그 당시 제가 돈이 없었거든요. 그래서 주님한테 그랬어요.

"주님 돈이 없는데요?"

그렇게 기도하고 기도실 밖에 있는 정수기로 물을 마시러 나왔는데, 저희 교회 전도사님이 제가 있는 쪽으로 오는 거예요.

그러더니 "복유야! 네 앞으로 지정 헌금이 들어왔어"라면서 하얀 봉투를 건네주었어요. 감사한 마음에 열어 보니, 봉투에는 딱 10만 원이 들어있는 거예요.

타이밍이 얼마나 기가 막힌지….

그 돈으로 제가 그 친구를 만났을까요,
안 만났을까요?

그날 저는 그 친구를 만나서
복음을 전했습니다.

무엇을 하든 당신이 행복하면 좋겠어요

저는 선택을 하는 게 참 무서웠습니다. 원래 우유부단한 성격이기도 하고 무엇보다 '잘못된 선택을 하면 어쩌나' 하는 두려움이 참 컸거든요.

그래서인지 무언가를 할 때 하나님이나 리더들이 '이 길로 가라' 혹은 '저 길로 가라' 하고 정확한 방향을 제시해 주기를 원했어요. 왜냐하면 만약 그랬다가 일이 잘못되면 그 답을 준 하나님 혹은 리더 탓을 할 수가 있잖아요. 그리고 보면 참 비겁하게 숨어만 있었던 것 같아요.

중동에 있을 때의 일인데요, 그날도 선택을 해야 하는 순간이 있었습니다. 그 당시 제 보호자였던 선교사님들과 점심을 먹고 있는데, A와 B 사이에서 결정을 내려야만 했어요. 사실 제가 하고 싶었던 건 A였는데요, 왠지 선교사님과 주변 사람들에게 피해를 주는 것 같아 미안한 마음에 진짜 원하는 걸 말하지 못하고 있었어요.

그런데 선교사님 한 분이 이런 얘기를 하시는 거예요.

"복유야, 주님이 주신 넓은 운동장에서 농구를 하든 축구를 하든 그건 상관없어.
우리는 네가 행복했으면 좋겠어."

그때 그 '네가 행복했으면 좋겠어'라는 말에 어찌나 눈물이 나던지요.
저는 주님이 주신 넓은 운동장에서 축구를 해도 되고, 농구를 해도 되는데 그저 벤치에만 앉아 있었더라고요. 누가 이거 해라, 저거 해라 할 때까지 기다리고 있었더라고요.
왜냐하면 운동을 하다가 혹시라도 넘어지면 나더러 그거 하라고 한 주님 탓하고 싶어서, 나더러 그거 하라고 시킨 그 사람 탓하고 싶어서 그랬던 것 같아요.

'주님이 축구하라고 했잖아요! 주님 때문에 이렇게 다쳤잖아요!'

'주님이 농구하라고 했잖아요! 주님 때문에 손 다쳤
잖아요!'

하고 말이에요.

그럼에도 불구하고 주님은 이제까지 벤치에 앉아서
불평만 하면서 방어적인 태도로 일관하던 저에게 "복
유야 축구해 볼래? 아니면 농구해 볼래?" 하고 제안해
주셨더라고요. 게다가 그 뒤에 올 모든 일들까지 책임
져 주셨더라고요.

저는 그저 하나님이 주신 넓은 운동장에서 축구를
하든 농구를 하든 그저 즐겁게 하면 되는 거였는데…
그걸 이제야 새삼 알겠더라고요.

그러다가 혹시라도 넘어지면 어떡하냐고요?
그럼 주님이 달려오실 거예요.
그분은 우리를 사랑하시는 아버지니까요.

사랑은…

저희 교회는 여름 수련회를 마치면 교역자들이 5일 정도 휴가를 받았는데요. 대학부를 담당했던 전도사님은 일 년에 몇 번 없는 휴가 때도 대학부 지체들을 모아서 가족 여름휴가에 데려가 주었어요. 교역자나 직장인이나 휴가 때는 똑같이 쉬고 싶을 텐데 말이에요.

전도사님 승합차를 타고 강릉으로 가는데 점심때가 왔어요. 같이 간 친구들은 저마다 '휴게소 가면 뭐 먹지?' 하고 고민하고 있는데, 저는 돈이 없었어요. 휴게소 도착하기 전에 어떻게든 밥값이라도 얻어 보려고 여기저기 연락해 봤지만 다 실패하고 말았어요.

창피해서 돈 없다는 얘기도 못 하고 남들 내릴 때 같이 내려서 그냥 태연한 척 식당 메뉴판 앞에 서 있는데 전도사님 사모님이 "복유야 뭐 먹을래?" 하면서 자연스럽게 제 밥값을 결제해 준 거예요. 그때 얼마나 감사하던지요.

그날 새벽이 깊도록 전도사님과 대화를 나눴는데요.

평소랑 다름없이 전도사님은 제 얘기에 '응, 음… 그렇구나' 하고 맞장구쳐 주면서 지루한 표정 하나 없이 들어 주었거든요? 저는 전도사님이 항상 얘기를 잘 들어 주는 분이기도 했고, 제 얘기를 좋아하는 줄로만 알았어요. 그런데 제가 뭐 생각한다고 잠깐 이야기를 멈췄는데요, 그 30초도 안 되는 시간에 전도사님이 바로 곯아떨어져서 코를 고는 거예요. 순간 오늘 하루 종일 전도사님이 운전한 게 생각났어요.

그때 이런 생각이 들더라고요.
아! 전도사님이 지금까지 내 얘기가 재밌어서가 아니라 나를 사랑해서, 나를 배려해서 들어 준 거였구나….

이 전도사님은 카이스트를 졸업했거든요? 근데 제 앞에서 한 번도 으스대거나 자랑한 적이 없어요. 자기보다 한참 어린 재수생이 하는 말이 뭐가 그렇게 재미있고 유익했겠어요? 그런데 전도사님은 언제나 제 이야기에 귀 기울여 들어 주었어요.

사람들은 멋있는 거, 남들이 주목하는 거를 다 하고 싶어 하잖아요. 그런데 우리 전도사님은 남들이 봐 주지 않아도, 아무도 관심 갖지 않아도 주님이 맡겨 주신 일이라면 소중하다고 하는 분이에요. 교회 청년들 밥 사주고 얘기 들어 주는 게 뭐가 그리 빛나고 돋보이는 일이었겠어요? 그런데 전도사님은 그 가치 없어 보이는 일을 항상 기쁘게 했어요. 일주일에도 몇 번씩 웃으며 "뭐 먹을래 복유야?" 하고 저를 챙겨 주더라고요.

저는 전도사님을 보며 예수님의 사랑을 경험했습니다.

사랑은 오래 참고 사랑은 온유하며 시기하지 아니하며 사랑은 자랑하지 아니하며 교만하지 아니하며
고전 13:4

하나님은 아들이 부탁하면 들어주는 분이에요

20대 초, 재수를 하면서 카페에서 아르바이트를 한 적이 있어요. 감사하게도 좋은 사장님과 동료들을 만나 알바 기간 동안 무척 재미있게 일을 했는데요, 해외 단기선교를 가는 바람에 카페를 그만두게 되었어요. 그때 마지막으로 사장님께 축복기도를 해 드려야겠다는 생각이 들어서 용기를 내어 말을 꺼냈습니다.

"사장님, 혹시 제가 축복기도를 해 드려도 될까요?"

적당한(?) 불교 신자였던 사장님은 흔쾌히 기도를 받겠다고 했고, 저도 감사한 마음으로 하나님께 기도드렸어요. 제가 어떻게 기도했는지 정확히 기억나지 않지만 예수님에 대한 것과 자녀의 축복, 사업장의 번창, 물질적인 복을 위해 기도했던 것 같아요.

단기선교를 다녀와서 한 2주쯤 지났을까요? 같이 아르바이트 했던 누나에게 전화가 왔어요.

"복유야, 너 우리 일했던 카페 이야기 들었어?"

누나의 말이 그 카페가 대박이 났다는 거예요! 당시 한 개에 1,000칼로리짜리 햄버거를 만들었는데, 그게 대박이 났대요. 그래서 각종 방송사에서 취재를 오고 전국 각지에서 사람들이 그 햄버거를 먹으러 몰려들었대요.

기쁜 마음에 같이 아르바이트했던 사람들과 함께 카페에 놀러갔어요. 사장님은 함박웃음으로 우리를 맞아 주었고요. 맛있는 것을 먹으면서 한창 즐겁게 이야기를 나누다가 사장님께 기도해 드렸던 일이 생각났어요.

"사장님, 그때 제가 기도해 드렸던 것 기억하세요?"

사장님은 웃으며 "그래. 네가 기도해 줘서 잘됐나보다" 하고는 대수롭지 않게 넘기더라고요.

그래도 뭐, 사실 이때까지는 그렇게 마음이 어렵지

않았는데요, 문제는 그다음이었어요.

동행했던 사람들과 옆에 있는 식당으로 이동해 밥을 먹었는데, 그러다가 저마다 그 카페의 성공 요인을 분석하기 시작하는 거예요. 누군가는 마케팅을 잘해서 그렇다고 하고, 또 누군가는 고기 패티가 좋았기 때문이라고 얘기했어요.

그런 이야기를 듣고 있는데 마음이 조금 어렵더라고요.

집으로 오는 길에 속으로 하나님께 투덜거렸어요.

'주님! 주님은 화도 안 나세요? 이건 아무리 생각해도 하나님이 복을 주셔서 그런 거잖아요. 사람들은 주님이 기도를 듣고 복을 주셔도 하나님께 영광을 돌리지 않는 것 같아 너무 속상해요! 저는 이렇게 화가 나는데 주님은 화도 안 나세요?'

이렇게 씩씩거리며 길을 가는데, 횡단보도쯤 왔을 땐가? 마음속에 고요하면서도 담담한 감동이 들었습니다.

"복유야, 나는 네 기도를 듣는다."

순간 멍해지더라고요. 그러다가 곰곰이 생각해 보니 주님은 이미 사람들의 반응이 어떠하건 영광 받고 계시더라고요. 주님은 영광 받으시려고, 사람들한테 "내가 이렇게 능력 있어" 하면서 으스대려고 기도를 들어주시는 것이 아니더라고요. 하나님이 그럴 필요가 뭐 있겠어요?

하나님은 그냥 아들이 "아빠, 이거 해 주세요" 하고 부탁하면 그걸 들어주시는 분이더라고요.
우리 하나님은 참 좋은 분이더라고요.

예수님과 어떤 추억이 있나요?

저는 군대 가는 게 많이 무서웠어요. 몸집도 호리호리한 데다가 군대 생활에 대한 온갖 무서운 이야기를 많이 들어서 막상 입대할 때가 되니 너무 두렵더라고요. 그래서 밤마다 울면서 기도했는데요. 거짓말 좀 보태 그때 흘린 눈물로 베개 두 개 정도는 적셨던 것 같아요.

하루는 교회에 갔는데 어떤 친구가 이렇게 기도를 해 주는 거예요.

"형제님이 그동안 기도했던 걸 하나님이 들어주시겠다는 감동이 있습니다."

그날 밤 집에 왔는데 별다른 일이 일어나지 않았어요. 그냥 그렇게 하루를 보냈는데, 다음 날 아침, 병무청에서 편지가 와 있는 거예요. '이게 뭐지?' 하고 열어 보니 저더러 상근예비역으로 근무를 하라는 내용의 우편물이었어요. 아는 선교사님 아들이 상근예비역으로 군대에 갔다는 이야기를 언뜻 들었는데, 그래도 혹시 몰라 정확한 정보를 얻기 위해 인터넷에 검색해 봤어요.

포털 사이트에 사람들이 질문하면 답해 주는 코너가 있는데요, 검색해 보니 이미 누군가 제가 하고 싶었던 질문을 했더라고요. "상근예비역이 뭐죠? 어떻게 되는 거죠?"라고 올라온 질문이 있었어요! 그 질문을 선택해서 답 글을 봤는데요, 뭐라고 써져 있었는지 아세요?

"하늘이 내려 주는 겁니다."

제가 그걸 교회 컴퓨터로 보고 있었거든요. 그 글을 보자마자 너무 기뻤던 저는 "할렐루야!"를 외치면서 한동안 미친 듯 소리를 질렀답니다.

제가 이런 이야기를 하면 어떤 분들은 "그럼 현역으로 군대 간 사람은 하나님이 안 사랑하신 건가요?" 하고 물어보는데요, 그런 건 정말 아니에요.

하나님이 사랑을 표현하시는 방식은 너무너무 다양하더라고요.

군대를 어떻게 갔든 하나님은 여러분을 사랑하세요! 개인적으로 하나님이 제게는 이런 방법으로도 사랑을 표현해 주셨다고 생각해요.

만약 예수님이 천국에서 만나 "그건 내가 아니었다, 복유야"라고 하시면 "그래요, 주님? 제가 잘못 알았네요" 하고 '허허' 웃으며 넘기려고요.

그래도 저는 예수님과의 이런 추억들이 개인적으로 참 좋답니다.

우연 같지만 주님이 챙겨주신 거예요

저는 11월에 훈련소를 갔는데요, 문제는 처음부터 따뜻한 군복을 안 주는 거예요. 게다가 저는 멋 부린다고 얇은 바지를 입고 입대를 해서 엄청 추웠어요.

더 큰 문제는 식사를 해야 하는데 밖에서 줄을 서라는 거예요. 그 추운 11월에 말이에요! 그때 사람들이 여섯 줄 정도로 나누어 서 있었는데, 저는 오른쪽에서 두 번째 정도 줄에 있었어요. 훈련소에는 통솔하는 사람들이 항상 있는데요, 식사 줄을 담당하던 조교님이 그러는 거예요.

"오늘은 누가 밥을 빨리 먹나? 오늘은… 오른쪽 두 줄부터 입장!"

엉겁결에 저는 그날 밥을 빨리 먹었습니다.

다음 식사 시간이 되었어요. 지난번에 오른쪽 두 줄이 밥을 먼저 먹었잖아요. 그래선지 사람들이 다 오른쪽으로 가서 줄을 서기 시작하는 거예요. 네, 저는 힘이 없었기 때문에 자연스럽게 왼쪽으로 밀려났습니다. 곧 조교님이 입을 열었어요.

"오늘은… 왼쪽 두 줄부터 입장!"

이번에도 저는 밥을 빨리 먹었습니다.

어김없이 다음 식사 시간은 돌아왔고, 이번에는 모든 힘 있는 장정들이 오른쪽으로, 왼쪽으로 갈라졌어요. 마치 홍해가 갈라지듯 말이에요. 힘이 없던 저는 오른쪽에서도 밀리고 왼쪽에서도 밀리다가 결국 가운데 줄에 남았어요.

그때 제가 주님한테 이렇게 기도했거든요.

"주님, 이번엔 좀 힘들겠는데요? 이게 한두 번은 우연일 수 있어도 세 번 연속은 진짜 좀 이상하잖아요."

그런데 조교님이 이번엔 뭐라고 했는지 아세요?

"자, 이번엔 가운데 두 줄부터 입장!"

정말 신기했어요. 그때 마음속에 이런 감동이 들더라고요.

"복유야, 내가 너와 함께한다고 했지?"

주님은 저를 참 사랑하셔서 얇은 바지 입고 벌벌 떨던 저를, 힘센 사람들한테 이리 밀리고 저리 밀리던 저를 이렇게 보호하고 챙겨 주셨습니다. 더 놀라운 건 제가 따뜻한 군복을 받을 때까지 밥을 빨리 먹었다는 거예요.

누군가는 "우연 아니야?"라고 할지 모르지만, 저한테는 예수님과 소중한 추억이랍니다.

하나님, 저 지금 던집니다!

높고 맑은 하늘, 아직도 기억이 나는 훈련소의 어느 날. 제법 제식훈련도 익숙해지고 전우조도 익숙해졌던 때였는데요, 수류탄 훈련이 있었어요. 동그란 원 안에 수류탄 세 개 중 두 개가 들어가면 합격이었지만, 만약 합격하지 못하면 주말에 나와서 추가 훈련을 받아야 한다고 했어요. 주말이라도 쉬고 싶었던 저는 꼭 합격하고 싶었어요.

드디어 제 차례가 됐어요! 저는 위급한 순간에는 주님을 찾는 버릇이 있는데요, 주님께 도와달라고 마음속으로 기도하며 하늘을 보았는데, 왠지 하나님이 하늘에서 이렇게 말씀하시는 것 같은 거예요.

"오오! 이제 복유 차례다.
우리 복유 지금 던진다!"

하늘에서 하나님이 제가 어떻게 던지는지 두근두근 기대하며 보고 계신 것 같은 거예요. 마치 학예회에서 자기 자식만 보면서 사진도 딱 자기 자식만 확대해 찍는 학부모처럼요. 마치 스포츠 경기를 보는 것처럼, 제가 성공하면 같이 환호하시고 실패하면 탄식하며 아쉬워하시면서 말이에요.

결과가 어떻게 되었냐고요? 던지기에 소질이 없던 저는 너무나도 확실하게 떨어지고 말았습니다. 그때 조교님이 "복유 불합격!"이라고 하셨던 게 아직도 기억이 나요. 낙심한 마음으로 숙소로 돌아간 저는 주말 훈련을 피할 수 없겠구나 하는 자포자기 심정이 되었어요.

주말, 모두가 쉬는 금쪽같은 시간에 드디어 올 것이 왔습니다. 내무반 방송이 나오더라고요.

"수류탄 합격 못 한 훈련병들은 지금 중앙 복도로 나오시기 바랍니다."

저는 당연히 떨어졌으니 누가 부르지 않아도 중앙 복도로 나가 줄을 섰습니다. 마침 복도에는 저에게 "불합격!"이라고 말해 주었던 수류탄 조교님이 서 있었어요. 그분이 추가 훈련자를 한 명 한 명 호명하는데, 이상하게 제 이름이 없는 거예요. 솔직한 게 장점이었던 저는 이상하다고 생각하면서 조교님께 물어봤어요.

"충성! 14번 훈련병 김복유 질문 있습니다!"
"뭔가?"
"제 이름이 추가 훈련자 명단에 없습니다!"

조교님은 "그래? 이상하다?" 하고는 다시 명단을 찾아 보더라고요. 그러더니 "이상하다. 없는데?" 하는 거예요. 보통 이쯤 되면 적당히 넘어갈 만도 한데, 그 당시 성령 충만했던 저는 거짓말을 하면 절대 안 된다는 생각에 당당히 또 이렇게 외쳤습니다.

"아닙니다! 분명히 저는 떨어졌습니다!"

지금 생각해 보니 바보도 이런 바보가 없습니다. 조교님은 다시 명단을 찾아보더니 이번에도 "없는데" 했습니다. 저는 또 대답했습니다.

"아닙니다! 분명히 있을 겁니다!"

그러자 조교님이 제게 한마디 하더라고요.

"하고 싶어?"

거짓말을 할 수 없었던, 솔직한 것이 장점이던 저는 이번에도 솔직하게, 그리고 우렁차게 대답했어요.

"아닙니다!"

그러자 조교님은 특유의 무심한 표정으로 그러더라고요.

"그래? 그럼 들어가."

저는 활기차고 우렁차게 "예!" 하고 자리로 돌아왔답니다.

아직도 저는 그때 무슨 일이 있었던 건지 모르겠어요. 어쨌든 저는 거짓말 하나 안 하고 추가 훈련에서 제외가 되었어요.

영문은 모르겠지만, 주님이 살짝 호의를 베푸셨던 것 아닌가 하는 생각을 조심스럽게 해 봅니다.

주님은 잊지 않으세요

군대에서 행군 중 잠시 쉬는 시간이었어요. 그때쯤 이런 저런 이유로 영혼육이 정말 많이 지쳐 있었던 것으로 기억합니다.

그때 어느 훈련병 친구가 갑자기 저를 찾아와서 감사 인사를 하는 거예요.

"복유야, 그때 기도해 줘서 고마웠어!"

저는 의례적으로 하는 말인 줄 알고 대수롭지 않게 넘기려 했는데, 그 친구가 하는 말이 제가 기도해 준 덕분에 사격 훈련에 합격을 했다는 거예요.

며칠 전 사격 훈련 중이었습니다, 정확한 기준은 잘 기억나지 않지만 대략 열 발 중에 일곱 발 정도를 조준에 맞춰야 합격하는 훈련이었어요. 그런데 이 친구가 제게 와서 자기는 사격에 자신이 없다고 기도 부탁을 하는 거예요. 그 당시에 이 친구는 믿음이 없었어요.

저는 제 코가 석 자였지만 그렇다고 그냥 돌려보낼
수도 없어서 기도를 시작했습니다.

"주님, 이 친구의 사격을 도와주세요."

그렇게 기도해 주고 나서 저는 제 사격 시험에 정신
이 팔려 떨어지면 어쩌나 조마조마했던 것이 기억납
니다.

시간이 지나 그 일을 까맣게 잊어버리고 있었는데,
이 친구가 저한테 고맙다며 이렇게 찾아온 거예요.
얘기를 들어 보니 자기는 합격 기준보다 한 발 덜 맞
췄는데도 신기하게 합격을 했다더라고요. 나중에 알고
보니 다른 줄에서 시험을 보던 사람이 쏜 탄환이 실수
로 빗나가게 되었는데, 그 빗나간 한 발이 이 친구의 과
녁판에 들어가게 된 거예요.
그래서 이 친구의 사격 점수가 오르게 되었고 기적
적으로 합격을 했어요.

우연이라면 우연일 수 있지만, 그 친구와 제 입장에
선 정말 기도 응답이었어요. 이 친구의 간증 아닌 간증
덕분에 많이 지쳐 있었던 제 마음에 '주님이 이곳에서
도 함께해 주시는구나' 하는 확신이 들어 많이 기쁘고
로가 되었어요.

주님은 어떤 기도도 가볍게 듣지 않으시더라고요.
우리가 해 놓고 잊어버리는 기도까지 기억하시고 응
답해 주시더라고요. 우리 주님 참 좋으시지요?

이 친구는 나중에 예수님이 자기 꿈에 나왔다고 간
증을 했는데요, 훈련소 수료한 다음에는 연락이 되지
않아 지금은 어떻게 지내고 있는지 모르겠습니다. 그
저 예수님 잘 믿고 잘 살았으면 좋겠어요.

주님! 달립니다! 순종합니다!

아침에 출근하다가 생긴 일이에요.

저는 출근을 하려면 매번 16번 마을버스를 타고 가야 했거든요. 출근길은 5분 먼저 출발하느냐, 늦게 출발하느냐가 도착 시간을 30분도 좌우하잖아요. 저는 항상 출근 시간에 맞춰 간당간당하게 출발하곤 했기 때문에 늘 타던 버스를 놓치면 정말 치명적이었어요.

그때 제가 버스정거장이 멀리 보이는 사거리 횡단보도를 건너고 있었거든요? 이미 멀리서 제가 타야 할 버스가 지나가고 있는 거예요! 경험상 이렇게 멀리 있는 경우는 뛰어가 봤자 잡을 수가 없을 것 같아서 '포기해야 하나?' 하는 생각이 스쳐지나갔어요.

다급한 마음에 이런 기도가 나왔어요.

"주님, 이번에는 좀 힘들겠는데요?"

그런데 마음속에 이런 감동이 드는 거예요.

"아니다. 복유야, 달려라!"

순종하는 마음으로 일단 제 두 다리는 달리기 시작
했습니다. 버스와의 거리 대략 300미터. 입고 있던 동
절기 군복이 무거워 뛰는 데 발동이 잘 안 걸리더라고
요. 200미터. 이미 손님들이 하나둘씩 버스에 올라타고
있었어요. 100미터. 마지막 손님까지 타는 게 보였고,
심지어 버스가 문을 닫고 막 출발하기 시작했어요.
뛰던 속도를 조금 멈추며 다시 기도했습니다.

"주님, 진짜 좀 힘들겠는데요?"

그런데 마음속에 또 감동이 들었어요

"아니다. 달려라!"

저는 다시 밑져야 본전이다 하며 달리기 시작했
어요.

그런데 너무 신기하게 막 출발하려던 버스가
10-20미터쯤 가다가 갑자기 딱 멈추는 거예요.
할렐루야!

같이 있으면 마음 따뜻해지는 사람이 되고 싶어요

재수할 때였나? 연애가 너무 하고 싶더라고요. 그런데 그 당시 제가 다니던 교회는 결혼을 전제로 한 만남이 아니면 연애를 자제하는 분위기가 있었어요.

대학부 때까지는 연애를 자제하라는 권면에 너무 상처를 받은 저는 리더에게 야속한 마음이 들었어요. 그 마음은 하나님에게까지 번져서 '하나님도 너무해!' 하며 완전 삐졌는데요. 그래서 한동안 '누가 건드리기만 해 봐라! 나 교회 떠날 거야!' 하는 못된 심보를 잔뜩 끌어안고 교회에 나가고 있었어요.

그러던 와중에 중고등부 시절 함께했던 선생님과 식사를 하게 되었어요. 저는 마음을 꽁꽁 닫고 있었어요. 혹시나 상담을 하거나 이야기를 나누다가 마음이 풀어질까 봐 저는 '내 이야기는 절대 하지 않으리라' 하고 마음을 먹었어요.

식사를 하면서 그다지 특별한 건 없었어요. 대화 내용도 평범했어요. 선생님은 그냥 담담하게 요즘 하나님과 어떤 관계에 있는지, 하나님이 어떻게 삶을 이끌어 가시는지 이야기해 주었어요.

저는 그 이야기를 그저 듣고 있었는데요, 그러다가 선생님이 예전에 저희를 가르쳤을 때 자기가 잘못 알고 가르쳤던 것이 있었다면서 미안하다고 사과를 하더라고요. 문득 참 멋있다는 생각이 들었어요.

그렇게 한 시간 정도 이야기를 하며 식사했는데, 저는 여전히 제 속사정을 이야기하지 않았거든요. 제 문제를 털어놓고 상담받은 것도 아니었거든요. 그런데 선생님의 이런 저런 이야기를 들으면서 닫혔던 마음이 하나 둘 풀어지더라고요. 얘기를 듣는 내내 하나님과 함께 살아가는 선생님의 삶이 너무 멋있고 부럽더라고요. 심지어 질투도 나더라고요.

'나도 저 선생님처럼 하나님과 관계 맺고 싶어서, 하나님과 친해지고 싶어서 우리 교회에 온 건데….'

그날의 식사 시간 이후 제 마음은 어느새 다시 살아
나 있었습니다.

그리고 꼭 닮고 싶은 모습이 하나 생겼는데요,

누군가와 식사하는 것만으로 그의 닫힌 마음을
열고 꽁꽁 언 마음을 녹일 수 있을 만큼 하나님이랑
관계 맺고 살고 싶더라고요.

혹시 지금 누군가와 식사하고 있나요?

그 사람은 식사를 마치고 돌아갈 때
어떤 표정을 하게 될까요?

Part 3.

─────────────── 나에게 노래해 줄래

우리의 삶을 통해
주님이 우리 아바라는 것과
그들이 주의 자녀라는 걸 누리게 되기를

　　　우리의 애길 통해
　　　지금이 어느 때라는 것과
　　　더욱 더 많은 사람들이
　　　주님을 알게 되기를
　　　_우리의 삶을 통해

예수의 이름을 불러 봐요

우리 교회 5층에 있는 기도실이 저는 참 좋았어요. 왜냐하면 항상 에어컨이 나왔거든요. 기도실 뒤에는 기다란 소파가 있었는데, 거기 누워서 기도도 하고 잠도 자곤 했어요. 나중에는 하도 사람들이 그 소파에서 자니까 교회에서 아예 그 소파를 없애 버렸답니다.

소파가 있든 없든 저는 기도실 뒤에서 기도하다 낮잠 자는 걸 아주 좋아했는데요, 그날도 기도하다가 깜박 잠이 들었는데 신기한 꿈을 꿨어요.

꿈속에는 《해리포터》에나 나올 법한 장면이 펼쳐졌어요. 호그와트처럼 생긴 영국식 고성의 잔디밭에서 아이들이 저마다 비장의 마법 주문을 연습하고 있는 거예요. 곳곳에서 무슨 말인지 도무지 알 수 없는 주문들이 터져 나오고 있었어요.

저는 5-7살 정도 되어 보이는 어린아이의 모습을 하고 있었어요. 예수님과 함께 있었는데요, 아마도 예수님이 꿈속에서는 선생님이셨나 봐요. 제 앞에 계시던 예수님이 온화한 미소로 저를 내려다보며 이야기하셨어요.

"복유야, 따라해 봐!
예수!"

어린 저는 잘은 못했지만 또박또박한 발음으로 따라했어요.

"예… 수!"

예수님은 저를 흐뭇하게 바라보고는 갑자기 제 얼굴을 양손으로 꼬옥 감싸주셨어요. 그러더니 제 눈을 보고 씨익 웃으면서 이렇게 말해 주셨어요.

"이게 내 이름이다."

이날 꿈에서 예수님은 세상 어떤 마법의 단어보다

능력 있는 이름을 저에게 알려 주셨어요.

사람들은 그 이름 덕분에 사탄에게서 벗어나 치유받고 억눌린 것들로부터 해방되는 참 자유를 경험해요. 하나님은 사람들이 이 이름으로 구하는 것들을 하나하나 들으시더라고요.

저마다 힘들고 어려울 때가 있잖아요. 그럴 때 마법의 주문으로 이 어려움이 사라지면 얼마나 좋을까 생각해 본 적 있나요?

제게는 그게 제 신랑의 이름,
바로 '예수'랍니다.

행복도 연습해야 한대요

오랫동안 솔로였던 저는 나중에 연애를 하거나 결혼을 하게 되면 미래의 내 여자친구 혹은 아내를 그야말로 공주님, 여왕님으로 만들어 줄 거라 생각하고 확신했어요. 막연히 연애 또는 결혼을 하면 완벽한 배우자를 통해서 행복이 저절로 올 거라고 생각했거든요.

그런데 막상 연애를 하고 결혼을 해 보니 제 생각하고 너무 다른 거예요.

연애할 때는 데이트를 하면서 뭘 해야 할지 모르겠고, 여자친구를 어떻게 행복하게 해 줘야 할지도 모르겠더라고요. 결혼을 해서도 연애할 때랑 크게 달라지지 않았고, 결혼하기 전이랑 똑같이 행동하고 있더라고요.

그런데 어느 날 교회에서 강사님이 이런 질문을 하더라고요.

"여러분, 혹시 지금 행복하세요?"

만약 솔로인 지금 행복하면 나중에 어떤 사람을
만나도 행복할 수 있대요. 그런데 지금 행복하지 않
다면 나중에 어떤 사람을 만나도 똑같을 거래요.
그러니까 솔로 때부터 행복도 연습해야 하는 거라고
하더라고요.

> "행복을 연습하겠소
> 문 잠긴 동산이 되어
> 어딘가 있을 그대여
> 기다리고 기도하네 오늘도 난"
> _'잇쉬가 잇샤에게' 중

저는 이렇게 아내를 만나 결혼했어요

지금의 아내와 만나고 나서 하루 종일 이 사람 생각만 나더라고요. 눈을 감아도 생각이 나고 눈을 떠도 생각이 나더라고요. 하나님께 이 사람 만나고 싶다고, 만나도 되냐고 여쭈어도 보고, 떼도 써 가면서 기도를 참 많이 했어요.

하루는 학교 여기저기를 걸으면서 기도를 열심히 했어요. 원래 걸어다니면서 기도하는 걸 좋아하거든요. 기도를 다 마치고 속이 좀 후련해지는 것 같아서 이제 자취방으로 내려가려고 하는데 갑자기 어떤 사람이 전도용 말씀카드를 주는 거예요.

저희 학교는 기독교 학교라 종종 학교 내에서 이렇게 말씀카드를 이용해 전도하는 분들이 있었어요.

무심결에 말씀카드를 보니 야고보서 1장 4절 말씀이 적혀 있는 거예요.

인내를 온전히 이루라… 약1:4

짧지만 강력한 그 말씀을 보고 마음이 너무 낙심되었어요.

'아, 이 사람도 아닌 건가. 또 인내를 해야 하는 건가.'

그러다가 갑자기 하나님이 너무하다는 생각이 들었어요. 계속 기다리라고만 하시고!
마음이 무너졌어요.

그래도 혹시 모르잖아요. 제가 잘못 들은 것일 수도 있잖아요! 그래서 애써 위로하고 있는데, 얼마 뒤 주일 예배에선가 또 그 말씀이 보이는 거예요. 하나님은 정말 확실한 분입니다.
결국 저는 처참하게 낙담이 되었어요.

'이 사람은 정말 아니라고 하시는 거구나. 하나님 너무해. 너무해요, 주님.'

다음날 동생 집 침대에 누워 있는데, 도저히 마음이 안 접어지는 거예요. 그래서 지푸라기라도 잡는 심정으로 다시 기도를 시작했습니다. 그렇게 기도를 하는데 갑자기 야고보서 1장 4절 말씀이 있는 성경 전체를 보라는 감동이 드는 거예요.

혹시나 성경 전체를 보는데 더 빼도 박도 못하게 분명한 말씀이 있으면 어쩌나 하는 두려움도 있었지만, 그래도 이것보다 상황이 안 좋아질 게 뭐 있겠나 하는 마음도 들었어요. 그래서 두렵고 떨리는 마음으로 성경을 펼쳤습니다.

너희 중에 누구든지 지혜가 부족하거든 모든 사람에게 후히 주시고 꾸짖지 아니하시는 하나님께 구하라 그리하면 주시리라 약1:5

마침 이 구절이 수년 전에 배우자 기도를 하다가 받은 말씀이었다는 것이 생각났습니다.

순간 희망이 생기기 시작했어요.

그런데 가만히 보니까 제 아내의 이름이 '혜정'이거든요. 한자로 '지혜 혜' 자에 '곧을 정' 자를 써서 그 이름에 '곧은 지혜'라는 뜻이 담겨 있는 거였어요. 순간 이런 생각이 들었어요.

'아! 지혜(혜정이)를 구해도 되겠구나!'

참 단순하죠?
그래서 그날은 평안한 마음으로 데이트를 하러 갔어요. 참, 성경을 이렇게 해석하는 건 위험할 수 있으니 꼭 섬기는 교회의 목사님이나 영적 리더들과 상담하세요!

데이트를 하러 가는 길에 번뜩 아내의 영어 이름이 생각나는 거예요. '소피아'인데, 이 이름 뜻을 찾아보니 '지혜'라는 뜻이 있다는 거예요! 하나님이 제게 확증을 주시는 것 같다는 생각이 들었어요. 정말 하늘을 나는 기분으로 데이트를 하러 갔습니다.

그런데 다음날 아침, 아무리 생각해도 왠지 모르게 마음이 찜찜한 거예요. 혹시 내가 이 사람이 너무 좋아서, 너무 만나고 싶어서 성경을 끼워 맞춰 해석한 것은 아닌가 하는 생각이 스멀스멀 올라왔어요. 그래서 성경에 있는 원어를 찾아봐야겠다는 생각이 들었어요.

그런데, 그런데! 야고보서에 나오는 지혜는 히브리어로 '호크마'(하늘로부터 오는 지혜)더라고요. '소피아'는 헬라어인데, 세상의 지혜를 뜻하고요. 좀 더 찾아보니 호크마와 소피아는 의미가 엄청 다른 것이고, 어느 블로그에는 '소피아와 호크마를 혼동하지 말자'는 내용의 글도 포스팅되어 있었어요. 저의 실낱같은 희망이 와장창 무너지는 것 같았어요. 저는 제 멋대로 성경을 끼워맞췄던 거였어요. 다시 마음에 좌절이 왔습니다.

그래도 이대로 포기하고 싶지 않았어요. 하나님께 한 번 더 나가 봐야겠다는 생각이 들었어요. 그래서 그날 저녁에 여자친구, 그러니까 지금의 아내와 같이 기도실에 가서 기도하기로 했어요. 20분 정도 기도했나? 갑자기 성경에 하나님이 이름을 바꾸어 주신 인물들이 생각나더라고요! '아브람'의 이름을 '아브라함'으로 바꾸어 주시고 '사래'의 이름을 '사라'로 바꾸어 주셨잖아요.

이런 감동이 들어서 제가 기도하다가 아내에게 이렇게 말했습니다.

"성경에 보면 하나님이 이름을 바꾸어 주신 인물들이 있잖아. '아브람'을 '아브라함'으로, '사래'를 '사라'로 바꿔 주셨잖아. 지금까지는 당신이 세상의 지혜로 살아 온 '소피아'였다면 앞으로는 하늘로부터 오는 지혜 '호크마'로 살게 될 거라는 감동이 들어."

이렇게 얘기를 했는데, 그저 듣고만 있던 아내가 조심스럽게 이렇게 말하는 거예요.

"복유야, 근데 지금 나오는 노래 듣고 이 얘기해 주는 거야?"

무슨 말인가 싶어서 그때 기도실에서 나오는 찬양을 가만히 들어 봤어요. 영어 가사더라고요. 저는 진짜 영어를 못해서 그전에는 어떤 노래가 나오는지도 신경 쓰지 못했는데, 집중해서 들으니 그제야 가사가 들리기 시작하더라고요. 그 노래 가사가 뭐였는지 아세요?

"He changed my name
(그는 내 이름을 바꾸셨네)."

저희는 이렇게 연애를 하다가,
2019년 5월에 결혼을 했습니다.

가장의 권위가 있는데 딸꾹질쯤이야!

하루는 아내가 딸꾹질을 시작했는데 쉽사리 멈추지 않는 거예요. 물을 많이 마셔 봐도, 놀래켜 봐도, 숨을 오래 참아 봐도, 아무리 애를 써도 딸꾹질이 안 멈추더라고요.

그때 아내는 베란다에서 빨래를 널고 있었고, 저는 주방에 있었어요. 갑자기 마음속에 이런 감동이 드는 거예요.

'복유야, 예수님의 이름으로 선포해 봐!'

순간 고민이 되었습니다.

'예수님의 이름으로 선포했는데
딸꾹질이 안 멈추면 어쩌지?
가장의 권위란 게 있는데,
괜히 모양 빠지게 되면 어쩌지?'

이렇게 고민하다가 '에잇 모르겠다!' 하고 그냥 선포
해 버렸습니다.

"내가 나사렛 예수 그리스도의 이름으로 명하노니
아내의 딸꾹질은 멈춰라!"

그러고 나서 일부러 아내가 있는 베란다 쪽은 쳐다
보지도 않았어요. 혹시라도 딸꾹질이 안 멈췄을 수 있
으니까. 그러면 혼잣말한 것처럼 해야지 마음먹고 있
었는데, 한 2-3초 정도 흘렀나?

아내가 베란다에서 "여보!" 하면서 나오는 거예요.
정말 아무리 애를 써도 그렇게 안 멈추던 딸꾹질이었
거든요? 그런데 그 딸꾹질이 너무 신기하게 바로 멈춘
거예요!

아내도 놀랐지만, 사실 저도 엄청 놀랐거든요. 그렇지
만 가장의 권위란 게 있으니 일부러 별로 안 놀란 척 하
면서 '기도하면 다 되는 거야' 하는 표정을 지었답니다.

가장의 권위를 세워 주신 우리 예수님,
할렐루야!

내가 하나님 일을 하니까 하나님이 내 일을 해 주시네

아내의 이야기를 해 볼까 합니다. 아내는 회사원인데요. 제가 해외에 공연하러 갈 때면 아내가 건반 연주를 도와주곤 했어요.

작년에는 정말 감사하게 해외에서 초대를 받은 곳이 참 많았어요.
4월에는 미국,
7월에는 호주,
10월에는 중국,
12월에는 다시 미국 등.

그런데 회사원들은 특성상 1년에 쓸 수 있는 휴가가 한정되어 있더라고요. 또 휴가가 남아 있더라도 상사며 동료들 눈치가 보이는 탓에 공연 일정에 맞추어 쓰는 것은 사실상 부담이 많이 되는 일이더라고요. 그래서 해외 공연 때문에 휴가를 내야 할 때는 딱 공연 일정에만 맞춰서 빠듯하게 휴가를 낸 적이 많아요.
남편 일 도와주느라 귀한 휴가를 반 이상 사용한 우

리 착한 아내는, 해외 공연을 마치고 돌아오면 밀린 회사 업무를 하기 위해 제대로 쉬지도 못하고 피곤한 몸을 이끌고 출근했어요. 그 모습을 볼 때마다 아내 몸이 버틸 수 있을까 하는 생각이 절로 들더라고요. 저는 일정을 마치면 그래도 하루 이틀 집에서 쉴 수 있었는데, 아내는 그게 쉽지 않은 날이 많았거든요.

어떻게 하다 보니 네 번의 해외 공연 모두 아내가 건반 연주자로 동행해 주었는데요, 잦은 해외 공연 일정에도 신기하게 아내 업무에 차질이 안 생기는 거예요.

한번은 미국 공연을 다녀왔더니 몇 주 동안 진행이 안 되던 계약이 진행되어 있었다고 하더라고요. 또 어떤 때는 그 달에 달성해야 하는 매출이 채워져 있었다는 거예요. 급기야 연말에는 아내 입사 동기 최초로 우수사원으로 상까지 받게 되었어요.

아내가 이런 말을 하더라고요.

"내가 하나님의 일을 하니까
하나님이 내 일을 해 주시네."

/ ©Sophie Ahn

우리는 신랑이 아니에요

공연을 하면서 배운 것들이 있습니다.
그중 하나가 '주제 파악'이에요.

진 에드워드(Gene Edwards)라는 분의 책을 개인적으로
참 좋아하는데, 그분 책 중에 이런 내용이 있어요.

예수님이 돌아가신 무덤에 어떤 여인이 있었대요.
그런데 누가 이런 말을 한대요.

"저 여인은 누구인가?"

진 에드워드는 그래요.

"저 여인은 바로 당신이다."

성경을 보면 교회를 그리스도의 신부라고 하잖아요.
그러면 저희 공연할 때 객석에 앉아 있는 한 사람 한
사람이 주님의 신부인 거잖아요.

그러니까 우리 공연하는 사람은 예수님의 신부에게

"여러분의 신랑이 얼마나 멋진 분인지 아세요? 그
분이 얼마나 여러분을 사랑했고, 지금도 얼마나 사
랑하고 계신지 아세요?"

하고 신랑을 소개하는 친구의 역할이더라고요.
그런데 신랑 친구가 신부가 너무 예쁘고 아름답다고
꾀면 되겠어요? 신랑 말고 나는 어떻냐며 내 매력을 어
필하면 되겠어요? 그건 정말 나쁜 자식이잖아요. 친구
의 신부를 가로채면 안 되는 거잖아요!

제가 결혼을 하고 신혼여행을 갔는데요, 제 아내에
게 친절하게 대하는 키 큰 호텔 직원이 있었어요. 그렇
게 신경 쓰이고 질투가 나더라고요.
사람인 저도 이런데, 예수님은 어떠시겠어요. 목숨
까지 내놓고 데려온 신부인데, 누가 빼앗아 가려고 유
혹하면 얼마나 기분 나쁘시겠어요.

우리는 신랑이 아니에요.

신랑은

오직 예수 그리스도 한 분이십니다.

주님 일에 내 어떠함은 중요하지 않더라고요

공연을 하다 보면 어떤 때는 무대와 음향이 좋고 음이탈도 안 났는데 마치고 나면 허탈하기도 하고요, 어떤 공연은 무대 시설도 좋지 않고 관객도 산만했는데 이상하게 자기 전까지 설레고 계속 생각이 나기도 해요.

허탈할 때는 주님이 잘 안 느껴져서예요. 반대로 계속 설렐 때는 주님이 와 주셨다고 느껴졌기 때문이에요.

저는 제가 영적으로나 음향이나 장비 등 환경적으로 준비가 잘 되어 있어야 공연이 성공적으로 진행되는 건 줄 알았거든요. 내가 깨끗하면 공연 중에 임재가 더 있고 공연이 더 잘된다고 생각했던 거죠. 그런데 그게 아니더라고요. 어느 날은 제가 준비가 하나도 안 되고 마음 상태도 너무 안 좋은 채로 시작했는데 공연 처음부터 끝까지 주님으로 꽉 차더라고요.

이런 것들이 처음에는 이해할 수가 없었는데요, 하나 깨달은 것이 있어요.

주님이 일하시는 방법은 온전히 주님의 영역이더라고요. 공연 중에 주님의 임재가 강하게 느껴지느냐, 그렇지 않느냐 한 건 전적으로 주님 마음이지 제가 어떻게 할 수 있는 부분이 아니더라고요.

다만 저희는 언제 주님이 오실지 모르니 이 공연이나 저 공연이나 있어야 할 자리에 서 있는 것이 중요하더라고요.

가끔 공연을 보고 감사를 표현해 주는 관객 분들께 이런 말을 하곤 합니다.

"주님은 이 곡이 아니어도 어떻게든 성도님을 만나시고 위로하셨을 텐데, 제 곡도 사용해 주시니 제가 더 감사합니다."

누군가는 겸손한 표현이라고 할지 모르지만, 이건 정말 사실이에요.

어떤 공연에서는 거기 있는 한 사람 때문에 주님의 임재가 강력하게 느껴질 때가 있어요. 제 영적인 상태가 어떠하건 음향이 어떠하건 상관없어요. 그냥 주님은 주님의 일을 하시는 거더라고요. 심지어 제가 공연을 안 했더라도, 제가 거기에서 노래부르지 않았더라도 주님은 다른 수만 가지 방법으로 우리를 만나 주시더라고요.

마태복음 3장 9절 말씀처럼 돌들로도 아브라함의 자손이 되게 하실 수 있는 분께서 사랑을 표현하실 그 무수한 방법 중 저도 사용해 주시니 그저 감사할 뿐입니다.

우리는 주님 일을 돕는 도우미일 뿐이에요

어떤 대학교에서 이틀에 걸쳐 여러 번 공연을 했는데요, 공연 전에 그쪽 담당자분과 껄끄러운 일이 있어 마음에 어려움이 조금 있었어요. 결국 어려운 마음을 풀지 못한 채로 공연을 진행해야 했습니다.

보통 대학교 채플에서 하는 공연은 학생들의 반응이 안 좋은 곳들이 많아요. 어떤 학생은 아예 핸드폰만 들여다보기도 하고, 어떤 학생은 아예 책을 펼쳐 놓고 시험공부를 하기도 해요.

그런데 두 번째인가, 세 번째 공연인가를 마쳤는데, 한 학생이 강단 앞쪽으로 나와서 우는 거예요. 너무너무 서럽게 울어서 담당 목사님까지 와 주셨는데, 그때 이런 생각이 들었어요.

'예수님을 소개하는 일이라는 건 내가 어떤 대접을 받든 정말 가치 있는 일이구나.'

그날 이후 제 공연 전 기도가 조금 바뀌었는데요, 예

전에는 '예수님! 저희가 주님 일 하잖아요. 그러니 좀 도와주세요!' 하는 마음으로 기도했거든요. 그런데 알고 보니 저희가 주님 일을 하는 게 아니더라고요. 예수님이 하시는 일을 저희가 돕는 거더라고요. 그래서 이렇게 기도가 바뀌었어요.

"예수님이 하시는 일을 저희가 잘 도울 수 있도록 해 주세요."

요즘은 기도가 또 조금 바뀌긴 했는데요, 그때는 저렇게 기도했어요.

그런데 정말 신기한 것이, 기도가 저렇게 바뀌고 나니 주님의 임재의 깊이가 달라지더라고요.

예수님이 하시는 일에 저희가 손을 보태는 것이 저희가 하는 일에 주님이 손을 보태 주시는 것보다 훨씬 쉽고 훨씬 가볍고 훨씬 임재가 있더라고요.

/©시선에 닿다

진짜 부족한 거 아는데, 그래도 주님 사랑해요

저는 공연하는 게 참 좋아요. 공연 때 만나는 하나님도 너무 좋고요. 그리고 예전에는 쫓겨나면서 했던 공연들을 이제는 좋은 무대에서 할 수 있으니 얼마나 행복해요.

고성준 목사님의 《데스티니》에 보면 이런 이야기가 있어요.

일을 시키는 사람도 하수, 중수, 고수가 있는데,
상대가 하기 싫어하는 걸 억지로 시키는 사람은 하수래요.
고수는 상대가 그 일을 너무 하고 싶게 만들어서 결국 하게 만든대요.

너희 안에서 행하시는 이는 하나님이시니 자기의 기쁘신 뜻을 위하여 너희에게 소원을 두고 행하게 하시나니

빌 2:13

우리 하나님은 하수일까요, 고수일까요?

이 질문의 답은 다들 아시겠죠?
하나님은 고수시더라고요.

마음에 소원함을 두고 행하게 하시는 하나님이 저는
참 좋습니다.

저는 사역이라는 말이 아직 많이 무거워요. 저에게
노래는 어떤 사역, 사명처럼 거창하기보다는 그냥 하
고 싶어서 하는 일이거든요. 좋으신 아버지가 아들이
너무 해 보고 싶어 하니까 "그래? 복유야, 그럼 우리 한
번 해 보자!" 하고 길을 열어 주시는 느낌이 강해요.

저는 제가 너무 좋아하는 일을 하고 있고,
주님은 주님의 일을 하고 계시더라고요.

저는 공연 도중에 만나는 주님이 정말 너무 좋습니다.

"주님, 제가 나이가 들수록 주님이 계신 곳을 사랑하게 해 주세요. 지금 저희가 하는 이 공연이 언제고 주님이 기쁘게 임하실 수 있는 예배가 되면 좋겠어요.

진짜 부족한 거 아는데, 그래도 사랑합니다, 예수님."

나가며

이 책을 읽은 독자님께.
부족한 글을 읽어 주셔서 감사합니다.

이 글은 예수님이 제 인생 가운데 행해 주셨던 일들을 쓴 것입니다. 개인적으로 큰 감동을 받아서 기록했지만 주님이 실제로 그렇게 이야기하지 않으셨는데 제가 착각했거나 잘못 들은 것이 있을 수 있어요. 그러니 글을 읽다가 혹시라도 마음을 어렵게 하는 것이 있었다면 용서하시고 떨쳐 버려 주세요.

그리고 혹시 책을 읽으면서

'아, 저 사람이 이야기하는 예수라는 분을 나도 만나 보고 싶다' 하는 마음이 든다면 그건 성령님이 문을 두드리시는 거예요! 그러니 지금 있는 그 자리에서 따라하세요. 중요한 것이 있는데요, 그건 바로 입술을 움직이는 거예요. 조그마한 소리라도 좋으니 그분께 마음을 표현하는 거예요.

예수님, 나는 죄인이었습니다.

하나님 없이 사는 것이 나의 죄입니다. 나를 용서해 주세요.

예수님이 나 때문에 2000년 전에 이 땅에 오셔서

나 때문에 죽으시고 사흘 만에 다시 살아나셨다는 것을 믿습니다.

예수님, 이제 제 마음의 문을 여오니

나에게 오시어 나의 주인이 되어 주시고

나의 구원자가 되어 주시고 나의 그리스도가 되어 주세요.

나는 이제 더 이상 나의 것이 아니라

나를 새롭게 하신 나사렛 예수 그리스도의 것입니다.

나를 묶고 있던 그 어떠한 것도 예수의 이름보다 크지 아니하니

주님 자유케 해 주시고 나를 인도해 주세요.

예수님의 이름으로 기도합니다. 아멘.

예수님을 만나고 싶다면 이 기도를 꼭 소리 내어 따라해 보세요.
절대 후회하지 않을 거예요.

저는 예수님을 만나고 나서 인생이 바뀌었어요.
다음 책의 주인공은 바로 당신입니다.
예수님이 당신의 신랑이십니다.